56	Willst Du nicht auf die Schnauze kriegen, musst Du Dich erst selber lieben.
57	Lieb Dich selbst und steh für Dich ein!
59	Hier spielt die Musik. Der innere Dialog - wie wir (unbewusst) mit uns selbst sprechen.
60	Selbstliebe als Beziehungskleber
62	**Arbeitsteil Selbstliebe - Praktische Tipps, um Selbstliebe zu entwickeln.**
63	Dein Status quo. Wo stehst Du gerade?
66	Liebe Deinen Körper!
69	Lass dich nicht von anderen beeinflussen.
71	Gönn Dir was!
72	Lerne, "Nein" zu sagen.
74	**Gelassenheit**
75	Der willkommene Tod Deiner Ängste, Sorgen & Gedankenspiralen.
77	Hakuna matata.
78	Wo ist der Haken?
79	Ein Haken kommt selten allein.
80	Der Gefühlsregen.
82	**Gelassenheit - Arbeitsteil**
83	Meine effektivste Übung für mehr Gelassenheit. Was denkt es da in meiner Birne? Defusion.
89	3 Minuten gegen Grübeln – Mein Mantra.
92	Aktives Schwarzsehen für inneren Frieden
94	Die Checkliste für Probleme, Ängste und Sorgen
95	Eine ungewöhnliche Übung gegen Stress: Spiel einfach mal Alien.
98	**(RICHTIGE) Ziele setzen: Lebe planvoll statt kopflos.**
99	Sei nicht nur clever sondern SMART.

101	3 Schritte zum richtigen Mindset.
104	**Persönlichkeitsentwicklung**
105	Was willst Du denn werden? Du bist doch schon.
108	**Arbeitsteil Persönlichkeitsentwicklung**
109	Das Begraben der Selbstverurteilung in vier Schritten.
112	Lebe Deine Werte
116	Gedanken-Wirrwarr? Schreib einfach drauf los!
119	**101 Steps zu einem erfüllten Leben.**

GLÜCKLICH WERDEN
LEICHT GEMACHT

Der humorvolle Ratgeber zur Selbstfindung

Patrick Guttenberger

Inhalt

5	Über den Autor
6	Vorwort – braucht's das? Warum dieses Buch anders ist als andere Ratgeber
7	Keine Sau ist immer glücklich!
10	Die Wissenschaft auf der Suche nach Glück
13	Schön ist es auf der Welt zu sein
14	Die fleißigen Deutschen und ihre Marotten
16	Gegen den Strom schwimmen – unnötige Mühe oder echte Chance zu mehr Zufriedenheit?
19	Ich würde Dir gerne jemanden vorstellen.
21	**Achtsamkeit**
22	Machst Du nur oder lebst Du schon?
23	Warum es sich trotz Startschwierigkeiten lohnt, an seiner Achtsamkeit zu arbeiten.
24	Was Achtsamkeit für Dich tun kann: Von Neuroplastizität und zufriedenen Sexualpartnern.
27	**Arbeitsteil Achtsamkeit**
28	Bestandsaufnahme.
31	Verabschiede Dich von Multitasking
32	Atem als Schlüssel zu mehr Achtsamkeit
33	Stell Deine Routinen auf den Prüfstand
34	Erstelle Dir persönliche Achtsamkeits-Checkliste
36	Planlos geht der Plan los.
40	**Mentale Flexibilität.**
41	Von Rechthaberei und Engstirnigkeit
44	**Arbeitsteil Mentale Flexibilität**
45	Bist Du flexibel wie ein Schilfrohr?
48	So sagst Du Engstirnigkeit den Kampf an
50	9 praktische Tipps, die Dir zu mehr Flexibilität verhelfen können.
55	**Selbstliebe**

Über den Autor

Patrick Guttenberger beschäftigt sich seit seiner Jugend intensiv mit den Themen Sinnfindung, Lebensführung und dem »Streben nach Glück«.

Die Suche nach einem erfüllten Leben sorgte auch dafür, dass der gelernte Industriekaufmann mit Mitte zwanzig eine weitere Ausbildung absolvierte und sich seitdem als Heilerziehungspfleger der Arbeit mit Menschen mit Behinderung widmet.

In diesem spannenden Berufsfeld durfte Patrick mit vielen verschiedenen Menschen in unterschiedlichen Lebenssituationen intensiv zusammenarbeiten. Dies sorgte stets dafür, dass der Autor Gelegenheit hatte, seinen Horizont zu erweitern und zu lernen, über den eigenen Tellerrand hinauszublicken.

Erst vor wenigen Jahren entdeckte der Jungautor seine Freude daran, junge wie erwachsene Menschen mit seinen Schreibfertigkeiten zu begeistern. Generell wünscht sich der Autor mehr Offenheit und Einfühlungsvermögen im Umgang mit anderen Menschen und möchte mit seinen Büchern gesellschaftlich zu mehr Offenheit und Empathie beitragen.

Allem voran dient dem Autor der Gedanke, seinen Mitmenschen durch seine Schriftwerke zu mehr Lebensqualität zu verhelfen, als größte Motivation.

Vorwort – braucht's das?
Warum dieses Buch anders ist als andere Ratgeber

Keine hochtrabenden Theorien, sondern verständliches Deutsch.

Wenn Du schon einmal einen Psycho-Ratgeber, ein Selbsthilfe-Büchlein oder sehr fachliche Lektüre in die Hand genommen hast, dann weißt Du vielleicht, wie schwer es sein kann, die geschwollen formulierten Theorien zu verstehen. Viele Bücher sind vollgestopft mit Fachausdrücken und Fremdwörtern, sodass man schnell den Überblick verliert. Mein Vorsatz für dieses Buch sieht vor, es anders zu machen. Meine Absicht ist, alles in verständlichem Deutsch zu erklären, sodass die Inhalte auch ohne vorheriges Studium wirklich verstanden werden können. Fachliches wird anhand von Beispielen näher erläutert, sodass Du Dir idealerweise alles gut vorstellen kannst.

Eine ganzheitliche Betrachtung, die mehr als nur einzelne Aspekte umfasst.

Viele Ratgeber zum Thema Lebensführung sehen nur einzelne Aspekte. Dabei ist doch klar: Erst wenn man das große Ganze betrachtet, kann man auch eine ganzheitliche Strategie entwickeln, die zu einem passt. Genau diesen Ansatz verfolgt dieses Buch. Und es geht noch weiter: Nicht nur der Kopf (als unser Denkapparat), sondern auch der Körper und die Seele spielen bei unserer Suche nach Glück und Erfüllung eine Rolle

– deshalb werden in diesem Ratgeber auch alle drei Bereiche behandelt.

Keine leeren Versprechen, sondern praktische Anreize, die Dich auf Deinem persönlichen Weg begleiten können. Unterstrichen von themenspezifischen Audio-Meditationen & -Affirmationen.

Es gibt viele Psycho-Ratgeber auf dem Markt, aber dieses Buch ist anders. Warum? Weil es keine leeren Versprechen macht, sondern konkrete Handlungsmöglichkeiten bietet, die Dich auf Deinem persönlichen Weg begleiten können. Das Buch ist keineswegs nur an Menschen mit emotionalen oder seelischen Störungen gerichtet. Es richtet sich vielmehr an alle, die ihr Leben aktiv gestalten und ihre Ziele erreichen wollen.

Und vor allem: In diesem Buch gibt es kein Richtig oder Falsch. Jeder kann seine eigenen Erfahrungen machen und seinen eigenen Weg finden. Mein Wunsch und Ziel ist, Dich dabei zu unterstützen und Dir Wege zu Deinem persönlichen „Glück" aufzuzeigen.

Keine Sau ist immer glücklich!

Es ist gar nicht so leicht, klar zu formulieren, was Glück wirklich ist. Es gibt zahllose Definitionen von Glück und jeder hat seine eigene Vorstellung davon. Für die einen bedeutet Glück, reich und berühmt zu sein. Für andere bedeutet es, in Harmonie mit sich selbst leben zu können oder Zeit mit den Menschen zu verbringen, die man liebt. Was ist Deine Definition von Glück?

Vielleicht kennst Du die These »Glück ist Einstellungssache«. Das stimmt wahrscheinlich. Denn wie glücklich Du Dich generell fühlst, hängt zu einem großen Teil davon ab, wie Deine Haltung gegenüber allen für Dein Leben relevanten Faktoren aussieht.

Interessant ist, dass sich die Definition von Glück im Laufe der Zeit verändert hat. In der Vergangenheit sahen die Menschen Glück oft als einen spirituellen Zustand an. Es war etwas, das von innen kam und nichts mit materiellen Dingen zu tun hatte. Heutzutage neigen die Menschen jedoch dazu, Glück als etwas zu betrachten, das von äußeren Faktoren wie Geld, Erfolg oder Besitz herrührt. Was sich jedoch kaum verändert hat, ist der gesellschaftliche Wunsch (wenn nicht gar Druck), stets glücklich zu sein.

Doch nun mal kurz zur Begrifflichkeit des Glücks. Im Volksmund ist stets davon die Rede, dass es erstrebenswert sei, stets „glücklich" zu sein. Hier liegt in meinen Augen schon der halbe sprichwörtliche Hund begraben. Denn wirklich glücklich ist man nur in besonderen Situationen. Doch wer bekommt schon täglich ein Kind, verliebt sich neu, wird befördert oder kann sich die so lang ersehnte Weltreise leisten? »Sei glücklich!«, schallt es heute von allen Dächern.

Zurück bleibt häufig die Frage "Wie denn?" und ein schales Gefühl, welches unser vermittelt, allen anderen gelänge es besser, glücklich zu sein. Als ob es ein Wettbewerb wäre.

Ich selbst war lange Zeit der Überzeugung, es sei erstrebenswert, nach dauerhaftem und grenzenlosem Glück zu streben. Doch dieses Unterfangen war bereits im Ansatz zum Scheitern verurteilt und ich stand häufig vor der Frage, ob ich denn nicht fähig zum Glücklichsein sei.

Heute bin ich mir einer wichtigen Erkenntnis bewusst: **Keine Sau (und auch kein Mensch) ist immer glücklich.** Dieses „Streben nach Glück" beinhaltet schon definitionsgemäß eine gewisse Unmöglichkeit in sich. Darum wird es meines Erachtens Zeit, ein wenig umzudenken. Eine womöglich hilfreichere Definition von Glück könnte so aussehen:

Glücklich zu sein, bedeutet, ein erfülltes Leben zu haben.
Doch was meine ich damit?

- im Großen und Ganzen mit sich im Reinen zu sein.
- Sinn und Zielen im Leben zu haben.
- geliebt zu werden und zu lieben.
- eine Wahrnehmung zu haben, die der eigenen Stimmung zuträglich ist.

Was allgemein als Glück gehandelt wird, könnte dagegen eher als Ekstase oder große Freude bezeichnet werden.

Wenn ich im weiteren Verlauf dieses Buches also von »Glück« spreche, ist stets die Rede von einem erfüllten

Leben (mit allen Hochs und Tiefs, die dazu gehören) anstelle einer unerreichbaren wie unendlichen Utopie-Ekstase.

Die Wissenschaft auf der Suche nach Glück

Die Wissenschaft hat verschiedene Definitionen von Glück aufgestellt, aber es ist schwirig, eine einheitliche oder gar „die beste" Definition zu finden. Es wurden Wochen, Monate und Jahre investiert, um zu ermitteln, was uns glücklich macht. Dabei ist die Frage gar nicht so einfach zu beantworten. Schließlich ist jeder Mensch anders. Was für den einen der perfekte Job ist, kann für den anderen die reinste Hölle sein. Auch wenn es keine allgemeingültige Definition von Glück gibt, haben Wissenschaftler doch einige Erkenntnisse gewonnen. Zum Beispiel wird angenommen, dass Glück stark mit unserer Persönlichkeit zusammenhängt (hört, hört).

Doch auch wenn unsere Persönlichkeit einen großen Einfluss auf unser Glücksempfinden hat, so ist doch auch unsere Umwelt entscheidend. Denn nicht jeder Mensch kann in einer idealen Umgebung leben und arbeiten. Viele müssen unter widrigen Bedingungen existieren und haben mit dem einen oder anderen Problem zu kämpfen. In solchen Situationen ist es oft vermeintlich schwer, das Glück zu finden. Doch es ist möglich.

So überrascht es nicht, dass aus wissenschaftlicher Sicht Menschen mit einem ausgeprägten Sinn für

Humor oder einer optimistischen Weltsicht tendenziell glücklicher sind. Auch soziale Kontakte sind für unser Wohlbefinden wichtig. Denn glückliche Menschen sind häufig auch weltoffene und kommunikative Persönlichkeiten, die gerne Zeit mit anderen verbringen.

Kann man Glück messen?

Wissenschaft zeichnet sich in der Regel dadurch aus, Faktoren festzulegen, die eine Thematik messbar machen. Doch wie ist das beim Thema Glück? Wie viel wiegt schlechte Laune? Wie viele Milliliter Glück passen in einen Maßkrug...? Oder ist dieser Ansatz zu plump?

In der Psychologie gibt es verschiedene Ansätze, um Glück zu messen. Die meisten Wissenschaftler sind sich jedoch einig, dass es keine einzige Formel für Glück gibt. Stattdessen konzentrieren sich die Forscher darauf, die Faktoren zu identifizieren, die das Glücksempfinden beeinflussen.

Einer der bekanntesten Ansätze zur Messung des Glücks ist die sogenannte subjektive Well-Being-Skala (SWB-Skala). Diese Skala basiert auf der Annahme, dass Glück aus zwei Komponenten besteht: Dem subjektiven Wohlbefinden (Zufriedenheit) und objektiv messbaren Faktoren (welche die Lebensqualität beeinflussen sollen). Zusammengefasst sollen die Resultate das Wohlbefinden als Wohlstandsindikator ergeben.

Eine weitere beliebte Methode zur Messung des Glücks ist die Experience Sampling Methode (ESM).

Bei dieser Methode werden Menschen zufällig über den Tag hinweg angesprochen und gebeten, ihr aktuelles Wohlbefinden auf einer Skala von 1 bis 10 zu bewerten. ESM-Studien haben gezeigt, dass Menschen tendenziell glücklicher sind, wenn sie gerade positive Emotionen wie Freude oder Zufriedenheit empfinden (welch Überraschung).

Eine weitere Methode, die in den vergangenen Jahren immer populärer geworden ist, ist die Messung der positiven und negativen Affekte (PANAS). Bei dieser Methode werden Menschen gebeten, ihren aktuellen Gemütszustand auf einer Skala von 1 bis 5 zu bewerten. Der Fragebogen enthält 20 Adjektive, die verschiedene Empfindungen und Gefühle beschreiben (je 10 positive / negative). Die PANAS-Skala kann helfen, zwischen unterschiedlichen Arten von Glücksempfinden zu unterscheiden.

Es gibt also verschiedene Möglichkeiten, Glück zu messen. Welche Methode am besten geeignet ist, hängt von den Forschungszielen ab. In den meisten Studien wird jedoch eine Kombination aus verschiedenen Methoden verwendet, um ein möglichst genaues Bild vom Glücksempfinden der Menschen zu erhalten. Die Wissenschaft hält Ausschau nach dem Glück. Oder hat sie es schon gefunden?

Nein, sie sucht noch. Die meisten von uns haben eine ziemlich genaue Vorstellung davon, was uns glücklich macht: Freunde, Familie, Erfolg, Geld. Doch die Wissenschaft kann diese Dinge nicht so leicht messen und erklären wie andere Faktoren in unserem Leben.

Das heißt nicht, dass sie keine Fortschritte gemacht hat. Und doch bleibt bei all dem Fortschritt ein gewisser Beigeschmack, da es schließlich um menschliche Empfindungen und nicht um die Inventur eines Möbelhauses geht.

Schön ist es auf der Welt zu sein

Wenn man nach den globalen Hotspots der Zufriedenheit sucht, findet man sie vorwiegend in Ländern mit einer hohen Lebensqualität. Doch was genau macht diese Länder aus? In welchen Ländern wohnen die zufriedensten Menschen und was können wir von ihnen lernen?

Die glücklichsten Menschen der Welt leben laut einer United-Nations-Studie aus dem Jahr 2022 zufolge in Finnland, Dänemark, Island, Schweiz, und den Niederlanden. Auch Luxemburg, Schweden, Norwegen, Israel und Neuseeland schafften es in die Top 10.

Natürlich gibt es einen Grund, warum diese Länder so weit oben landen: Es sind vorrangig soziale Faktoren wie Gleichheit, Umweltverträglichkeit, Bildung und Gesundheit, die zu einer hohen Lebensqualität führen. Es gibt viele Faktoren, die die Zufriedenheit eines Landes beeinflussen – von der wirtschaftlichen Situation über das Klima bis hin zur politischen Stabilität.
Doch letztlich sind es die Bürger eines Landes, die für ihre Zufriedenheit verantwortlich sind. Wenn man sich die Länder ansieht, in denen die Menschen am zufriedensten sind, so fällt auf, dass sie alle eines gemeinsam

haben: Sie haben eine starke Gemeinschaftsbewegung. In Ländern wie Dänemark, Finnland und Norwegen gibt es eine tief verwurzelte Tradition des Zusammenhalts und des Miteinanders. Die Menschen in diesen Ländern helfen einander und nehmen Rücksicht. Hmm. Als Deutscher ist das eine eher wenig hilfreiche Information, das ist mir bewusst.

Glücklicherweise gibt es aber eine weitere, sehr entscheidende Gemeinsamkeit unter zufriedenen Menschen zu nennen: Eine positive Mentalität. Doch dazu wirst Du im Laufe dieses Buches noch so einiges erfahren, was einfach nicht in ein, zwei Zeilen zu sagen ist.

Viele von uns würden alles dafür tun, um glücklich zu sein. Manche gehen sogar so weit, ihr ganzes Leben danach auszurichten. Aber was ist Glück genau? Wo findet man es und wie macht man es sich zu eigen? Die kurze Antwort ist eigentlich ganz einfach: Glück ist relativ. Das heißt, was Dich glücklich macht, muss nicht unbedingt dasselbe sein, was mich glücklich macht. Natürlich gibt es Orte auf der Welt, an denen die Menschen im Durchschnitt zufriedener sind als anderswo – doch am Ende liegt die Verantwortung für unsere Zufriedenheit bei (und in) uns selbst.

Die fleißigen Deutschen und ihre Marotten

Aber was ist mit Deutschland? In Deutschland ist die Zufriedenheit im Vergleich zu anderen Ländern relativ niedrig. Woran kann das liegen? Liegt es nur am mangelnden Gemeinschaftssinn? Oder ist da noch mehr? (Du ahnst es vielleicht bereits.)

Ein möglicher Grund könnte sein, dass in Deutschland der Wert des Individuums nicht so hoch geschätzt wird wie in anderen Ländern. In Deutschland steht oft das Kollektiv im Vordergrund – sei es die Familie, der Freundeskreis oder die Arbeitsstelle. Das ist natürlich nicht schlecht, aber vielleicht fehlt es den Menschen hier ein wenig an gelebter Selbstverwirklichung. Andere Länder legen mehr Wert auf Individualität und darauf, dass jeder seine Talente und Fähigkeiten entfalten kann.

Auch die Arbeitsbedingungen spielen in Bezug auf die Zufriedenheit eine Rolle: In Deutschland arbeiten viele Menschen unter prekären Bedingungen – entweder sind sie unterbeschäftigt oder überlastet. Viele fühlen sich von ihrem Job gestresst und ausgelaugt. Andere sind unterfordert oder fernab ihres Traumjobs beschäftigt. Hinzu kommt die weit verbreitete Angst, seinen Job zu verlieren. Gerade in schnelllebigen Zeiten von Digitalisierung und Automatisierung.

Erschwerend hinzu kommt, dass der „Musterdeutsche" kein besonders fröhlicher oder extrovertierter Mensch ist. Doch warum sind die Deutschen solche Miesmuffel? Eine mögliche Erklärung liegt in der Vergangenheit: Die Deutschen haben eine lange Tradition des Pragmatismus und der Skepsis gegenüber allem Neuem. Diese Eigenschaften haben sich im Laufe der Geschichte bewährt und haben dazu beigetragen, dass das Land so erfolgreich ist. Allerdings haben sie auch dazu geführt, dass die Deutschen oft als humorlos und unfreundlich gelten. Und das wiederum wirkt sich logischerweise auf die Stimmung aus und macht nicht unbedingt glücklich.

Doch was bedeutet das für uns als Deutsche? Sind wir zu Unzufriedenheit und Meckertum verurteilt bis in alle Ewigkeit?

Hier die frohe Botschaft: Nein sind wir nicht. Vor allem nicht, wenn wir uns bewusst und reflektiert mit uns selbst, genauer gesagt unserer persönlichen Glücksfindung beschäftigen. Und da Du diese Worte gerade liest, scheinst Du hierzu bereit zu sein.

Gegen den Strom schwimmen – unnötige Mühe oder echte Chance zu mehr Zufriedenheit?

Welche Welt würdest Du bevorzugen? Eine, in der Menschen grundsätzlich negativ eingestellt sind und alles schlecht finden – oder eine, in der die Menschen optimistisch sind und das Gute sehen? Natürlich ist es letztere.

Und es ist genau diese Mentalität, die in den Ländern herrscht, in denen die Menschen am zufriedensten sind. Aber warum ist das so? Warum ist die Geisteshaltung so entscheidend? Nun, es gibt einige Gründe. Allem voran beeinflusst unsere Denkweise, wie wir die Welt sehen. Wenn wir optimistisch sind und das Gute sehen, dann nehmen wir auch die positiven Seiten der Dinge wahr. Wenn wir allerdings negativ eingestellt sind und alles schlecht finden, dann übersehen wir leicht die positiven Seiten und geraten in den Nörgel-Modus.

Zum anderen beeinflusst die Art, wie wir denken, auch unsere Handlungen. Wenn wir optimistisch sind, sind wir eher bereit, uns auf Neues einzulassen und etwas zu riskieren. Wenn wir allerdings negativ eingestellt sind, tendieren wir dazu, uns zurückzuhalten und auf Nummer sicher zu gehen. Das sorgt für wenig neue Erfahrungen, was einem erfüllten Leben im Wege steht.

Und schließlich beeinflusst die Mentalität auch unsere Beziehungen zu anderen Menschen. Wenn wir offen und unvoreingenommen sind, neigen wir dazu, andere Menschen positiv zu sehen und mit ihnen gut auszukommen. Wenn wir allerdings verschlossen sind oder uns gar isolieren, tendieren wir dazu, andere Menschen kritisch zu betrachten und mit ihnen in Konflikte zu geraten.

Das Leben kann hart sein. Es wird immer schwierige Situationen und Herausforderungen geben, denen Du Dich stellen musst. Aber solange Du eine positive Grundhaltung hast, kannst Du alles überwinden. Nehmen wir zum Beispiel einen engen Freund von mir. Nennen wir ihn aus Gründen der Privatsphäre Lucky. Lucky ist die Art von Mensch, die immer positiv denkt. So positiv, dass viele negativer eingestellt Menschen sich von seiner positiven Art angegriffen zu fühlen scheinen. Egal, wie schlimm eine Situation ist, Lucky findet immer einen Silberstreif am Horizont. Und dank dieser positiven Einstellung hat er schon einige schwierige Situationen in seinem Leben gemeistert.

Vor ein paar Jahren hatte Lucky einen unverschuldeten Fahrradunfall. Er wurde von einem enorm betrunkenen Verkehrsteilnehmer angefahren und landete mit einem gebrochenen Bein im Krankenhaus. Der Bruch war nicht gerade harmlos, sodass es einige Zeit unklar schien, ob Lucky je wieder „normal" laufen können würde. Es war eine wirklich beängstigende Erfahrung. Luckys Umfeld zeigte sich allem voran empört über den schändlichen Trunkenbold und voller Mitleid gegenüber dem „armen Lucky".

Lucky selbst schien keinerlei Groll gegen den Radfahrer zu haben. Er hatte einzig und allein seine Genesung im Blick. Das Mitleid seiner Mitmenschen ging ihm sonst wo vorbei – denn er selbst bemitleidete sich kein bisschen. Mir gegenüber äußerte er, wie gewohnt in fröhlich-flapsiger Art, mit einem Achselzucken: „Shit happens. Das ist jetzt halt so. Hauptsache, ich komm' schnell wieder auf die Beine."

Lucky ließ sich nicht unterkriegen. Er blieb während der langwierigen Genesung positiv. In meinen Augen hat dies maßgeblich dazu beigetragen, dass das lädierte Bein wieder so belastbar ist, wie eh und je. Doch was mich zur damaligen Zeit noch mehr beeindruckt hat, war Folgendes: Lucky und der vermeintlich böse Unfallgegner freundeten sich an. Mittlerweile seit Jahren. Aus dieser auf den ersten Blick furchtbaren Erfahrung ist etwas Grandioses entstanden. Wäre das möglich gewesen, wenn Lucky die „typisch deutsche" Mentalität hätte? Bilde Dir Dein eigenes Urteil.

Du siehst jedenfalls, warum ich die geistige Haltung für so entscheidend halte. Sie beeinflusst nicht nur unsere Sicht der Welt, sondern auch unsere Handlungen und Beziehungen. Und all diese Faktoren tragen dazu bei, ob wir glücklich und zufrieden sind oder nicht.

Somit würde ich die Frage gerne an Dich zurückgeben: Lohnt es sich in Deinen Augen, „gegen den Strom zu schwimmen", indem Du an der Sichtweise feilst, mit welchen Augen Du die Welt um Dich herum siehst?

Ich würde Dir gerne jemanden vorstellen.

Dieses Buch ist nicht dazu da, Dir zu sagen, was Du tun oder lassen sollst, um glücklich zu werden. Stattdessen ist es eine Einladung, Dich selbst besser kennen und lieben zu lernen.

Dieses Buch will Dich ermutigen, Dich selbst zu lieben – mit all Deinen Fehlern und Schwächen. Denn nur wenn Du Dich selbst lieben kannst, wirst Du auch in der Lage sein, wirklich glücklich zu sein – soviel vorweg.

Doch auch andere Faktoren, die Dein Wohlbefinden steigern können, werden ausführlich beleuchtet. Ich hoffe, dieses Buch wird Dir helfen, Deinen Weg zu finden – den Weg zu einem glücklichen und erfüllten Leben.

Die Förderung eines bewusst gewählten Lebensstils soll Dir dabei helfen, (vermeintliche) Probleme aus der Welt zu schaffen, Hürden zu überwinden und in jeder Hinsicht zu mehr Fülle zu gelangen. Es ist Zeit, störende Denkmuster loszuwerden und neue Perspektiven im Jetzt zu erkennen.

Jetzt ist der richtige Moment, Dein wahres Selbst zu entdecken und zu leben. Und selbst wenn Dir das gerade unrealistisch vorkommen sollte, wirst Du Folgendes feststellen können:

Du bist einem erfüllten Leben bereits näher, als Dir bewusst ist.

Achtsamkeit

Machst Du nur oder lebst Du schon?

Achtsamkeit... Oft gehört und häufig missverstanden. Hier meine persönliche Definition dieses häufig als esoterischen Humbug verkannten Begriffs:

Achtsamkeit ist die Fähigkeit, gegenwärtig zu sein und sich auf das zu konzentrieren, was man gerade tut. Es bedeutet, (sich) bewusst zu sein und aufmerksam zu sein, ohne zu be- oder zu verurteilen. Achtsamkeit bedeutet auch, bewusster mit allen Sinnen wahrzunehmen, was um einen herum geschieht.

Als wir Kinder waren, war Achtsamkeit für uns alle selbstverständlich. Wir haben die Dinge geliebt, die wir getan haben und haben sie mit vollem Herzen genossen. Doch im Laufe der Jahre - es beginnt bereits in der Schule - verlieren wir diese Eigenschaft und widmen uns stattdessen dem, was uns beigebracht und im Alltag von uns erwartet wird. Doch trotzdem steckt bereits alles, was es zu Achtsamkeit benötigt, in uns. Es wartet nur darauf, wiederentdeckt zu werden.

Gerade zu Beginn dieser Reise ist Achtsamkeit häufig eine Form der Meditation, doch mit ein wenig Übung kann sie auch mehr und mehr im Alltag praktiziert werden. Erst dann entfaltet sie ihr volles Potenzial.

Klingt einfach, ist es für sehr kopflastige Menschen gerade anfangs aber nicht. Wir in Deutschland sind allgemein nicht die stärksten darin, im Moment zu leben. Das liegt meiner Ansicht nach primär daran, dass wir eher pragmatisch und rational sind. Wir planen unser Leben eher vorausschauend und legen viel Wert auf (die Illusion von) Sicherheit. Doch das hat auch seine Schattenseiten. Einerseits resultieren auch daraus das Fortbestehen unserer Leistungsgesellschaft, sowie weitverbreitete Existenz- & Versagensängste. Andererseits macht uns das (global betrachtet) zu langweiligen Zeitgenossen.

Warum es sich trotz Startschwierigkeiten lohnt, an seiner Achtsamkeit zu arbeiten.

Achtsam zu leben und somit wirklich in der Realität anzukommen, schützt einen nicht generell davor, negative Erfahrungen im Leben zu sammeln. Doch es verändert auf fundamentale Art und Weise, wie wir die Welt sehen, Situationen wahrnehmen und letztlich auf Umstände reagieren.

Anstelle von endlosen Sorgen, welche alle keineswegs zielführend sind (ob realistisch oder nicht), heißen die Alternativen Gelassenheit (dazu später mehr) und Achtsamkeit. Wenn wir uns auf das konzentrieren, was gerade passiert und nicht ständig in der Vergangenheit oder Zukunft leben, können wir den Moment mehr genießen und entspannter sein. Durch Achtsamkeit lernen wir, unsere Aufmerksamkeit zu bündeln und uns uneingeschränkt auf das zu konzentrieren, was gerade wirklich zählt. Das JETZT. Wir lernen, uns nicht von unseren Gedanken oder Impulsen treiben zu lassen, sondern bewusst zu entscheiden, was wir tun.

Die Zukunft ist ein Hirngespinst und die Vergangenheit ist Geschichte!

Achtsamkeit trägt auf diese Weise zu mehr Ruhe und Seelenfrieden bei. Sie kann uns helfen, ruhiger und gelassener zu werden und unsere Sorgen und Ängste loszulassen. Auf dem Weg zu Achtsamkeit lernen wir, unsere Emotionen besser zu verstehen und mit ihnen umzugehen. Wir üben uns darin, unsere Gefühle anzuerkennen und zuzulassen, statt sie zu verdrängen oder zu unterdrücken.

Denn nur achtsam bekommen wir tatsächlich mit, was gerade vor sich geht: weniger um uns herum, als vor allem in uns selbst.

Was Achtsamkeit für Dich tun kann: Von Neuroplastizität und zufriedenen Sexualpartnern.

Neuroplastizität? Es hieß doch, hier käme kein Fachgeplänkel? Keine Sorge, ist schnell erklärt: Neuroplastizität beschreibt die erstaunliche Eigenschaft des Gehirns, sich als Reaktion auf neue Erfahrungen zu verändern und anzupassen. Denn unser Gehirn ist in der Lage, sich von Grund auf und in beachtlicher Zeit neu zu strukturieren und den Fokus auf andere Bereiche zu richten, wenn man sie trainiert. Aktuelle Fachartikel belegen: das Einüben achtsamkeitsfördernder Praktiken kann den gewünschten Effekt der Neuroplastizität auslösen.[1]

Was Dir das nützen soll? Eine ganze Menge.
Laut einer Studie führt bereits ein 25-stündiges Training zu Veränderungen in den Teilen des Gehirns, die mit Lernen und Gedächtnis, emotionaler Kontrolle, Stressreaktionen und mehr in Verbindung gebracht werden.[2] Auf gut Deutsch heißt das mehr Cleverness, Beherrschung und ein sprichwörtlich „dickeres Fell". Diese schnellen Erfolge durch Meditationstraining können auch Dir als Motivation dienen, Dich mit dem Üben von Achtsamkeit zu befassen.

Das genügt Dir noch nicht? Einen hab' ich noch.
Selbst wenn es um Sex geht, kann Achtsamkeit Dir helfen. Du lernst, Dich besser auf die Bedürfnisse und Wünsche Deines Partners einzustellen – ganz einfach, weil Du sie wahrnimmst. Das Ergebnis sind befriedigendere sexuelle Begegnungen für beide Seiten. Auch die Intensität kann gesteigert werden, da Du beim achtsamen Sex präsenter bist und die körperlichen Empfindungen "voll ankommen".

Das klingt so weit erst mal klasse, oder? Doch wie setzt man das um?
Im Rahmen der Erstellung dieses Buchs habe ich mir viele Gedanken gemacht, welche Methoden besonders wirksam für mich waren. Ich hoffe, sie helfen Dir mindestens so gut wie mir. Selbst wenn es sich an der einen oder anderen Stelle unbequem oder befremdlich anfühlt, rate ich Dir, die Übungen zumindest zu versuchen. Ich bin überzeugt davon, dass sie Dir helfen

---

[1] (NIEBEL, 2020)
[2] (HÖLZEL, 2011)

können. Ich sehe mich selbst noch lange nicht als »am Ziel«, was Achtsamkeit angeht. Natürlich ist es ein wundervolles Ziel, doch der Weg dorthin ist mindestens genauso wertvoll. Aber eines hat sich bereits in mein Bewusstsein eingebrannt: Jeder Moment, in dem ich mich aktiv auf die Suche nach mehr Achtsamkeit in meinem eigenen Leben begebe, ist ein Gewinn – unabhängig davon, ob ich am Ende „das perfekte Ergebnis" erreiche oder nicht. Und dieses Bewusstsein ist ein echter Meilenstein.

> *Man kann einen Menschen nichts lehren,*
> *man kann ihm nur helfen, es in sich selbst zu entdecken.*
> ◊
> **Galileo Galilei**

Arbeitsteil
Achtsamkeit

> *Es ist nicht genug zu wissen – man muss auch anwenden.*
> *Es ist nicht genug zu wollen – man muss auch tun.*
>
> ◊
>
> Johann Wolfgang von Goethe

Bestandsaufnahme

Wenn man sich mit Achtsamkeit befasst, ist es allem voran sehr hilfreich zu wissen, wo man derzeit steht. Anhand des bewährten Freiburger Fragebogens zur Achtsamkeit lässt sich durch Reflexion eine Einschätzung vornehmen.
Bitte beziehe dabei die Aussagen auf die vergangenen 48 Stunden. Kreuze bei jeder Frage die Antwort an, die am besten zu Dir passt. Sei so ehrlich und spontan wie möglich. Es gibt keine richtigen oder falschen Antworten. Durch die Antworten auf diese Fragen bekommst Du einen Einblick, in welchen Lebensbereichen Du bereits achtsam bist und wo noch Verbesserungspotenzial besteht. Nimm Dir einen Stift zur Hand und leg los.

	Sehr häufig	Gelegentlich	Selten	Nie
Gelingt es Dir, in stressigen Situationen ruhig zu bleiben und eine bewusste Entscheidung zu treffen, anstatt impulsiv zu reagieren?				
Wie oft gelingt es Dir in schwierigen Situationen, freundlich Dir selbst gegenüber zu bleiben? (innerer Dialog)				
Wie oft hast Du das Gefühl, dass Du Dich selbst gut genug kennst und weißt, was Du brauchst, um glücklich und zufrieden zu sein?				

Hast Du das Gefühl, dass Du Deine Gefühle und Bedürfnisse gut ausdrücken kannst?			
Gelingt es Dir kurz innezuhalten, bevor Du Entscheidungen fällst?			
Bist Du in der Lage, Deine Aufmerksamkeit auf eine Sache zu richten, ohne abgelenkt zu werden oder Dich von anderen Dingen ablenken zu lassen?			
Wie oft schaffst Du es, Deine Gedanken und Emotionen bewusst wahrzunehmen, anstatt Dich von ihnen überwältigen zu lassen?			
Bist Du Dir körperlicher Empfindungen im Alltag bewusst? Etwa beim Zähneputzen, beim Kochen oder im Gespräch mit anderen.			
Hand aufs Herz: Wie oft nimmst Du Dir Zeit, um bewusst die Dinge zu genießen, die Du tust, anstatt sie als selbstverständlich hinzunehmen?			
Wie oft schaffst Du es, Dich von der digitalen Welt abzuschotten, um Dich auf die reale Welt um Dich herum einzulassen?			
Bist Du Dir bewusst, warum Du tust, was Du tust?			
Wie häufig bewegst Du Dich aus Deiner Komfortzone heraus und versuchst neue Dinge?			
Gelingt es Dir, unangenehme Erfahrungen anzunehmen?			
Wie oft schaffst Du es, Deine Gedanken und Emotionen zu akzeptieren, anstatt sie wegzuschieben, zu verurteilen oder zu leugnen?			
Kannst Du über Dich selbst lachen?			

Du ahnst es vermutlich schon: sind Deine Antworten tendenziell eher links, scheinst Du bereits ziemlich achtsam durchs Leben zu schreiten. Wenn Dir dieser Test das offenbart, kann ich Dir nur gratulieren. Das ist wahrlich ein Meilenstein zu einem erfüllten Leben.

Solltest Du jedoch (wie ich) kein Achtsamkeits-Naturtalent sein, folgen hier einige Möglichkeiten, die mir bis heute dabei helfen mehr Achtsamkeit in mein Leben zu bringen. Es würde mich freuen, wenn sie auch Dir gute Dienste erweisen.
Fasse davor aber noch kurz zusammen, wo Du bereits achtsam unterwegs bist und wo Du hingegen einen gewissen Handlungsbedarf siehst. Wie fühlst Du Dich mit dem Ergebnis? Jeder Gedanke hierzu ist wertvoll.

Verabschiede Dich von Multitasking

Hast Du schon mal versucht, tatsächlich zwei Dinge gleichzeitig zu tun? Wie ist das gelaufen? Wahrscheinlich nicht so gut. Das kommt daher, weil unser Gehirn faktisch nicht in der Lage ist, mehrere Aufgaben gleichzeitig zu bearbeiten. Es kann sich entweder auf die eine Aufgabe konzentrieren und die andere vernachlässigen oder aber es muss immer wieder hin- und herspringen und so an Effizienz einbüßen. Und das kann man sich so effektiv vorstellen, wie zwischen dem Duschen und dem Kochen zu switchen. Doch genau das ist Multitasking.

In unserer oftmals hektischen Welt ist es dennoch zur Norm geworden. Wir fühlen uns ständig gezwungen, mehrere Aufgaben gleichzeitig zu erledigen. Ob wir uns beim Kochen die Nachrichten ansehen, während wir uns mit unserem Partner unterhalten oder uns beim Joggen die neuesten Podcasts anhören – wir sind ständig damit beschäftigt, mehrere Dinge gleichzeitig zu tun. Doch diese permanente Reizüberflutung macht uns nicht nur unglücklich und gestresst, sondern auch weniger produktiv.

Es ist längstens nachgewiesen, dass Menschen, die versuchen, mehrere Aufgaben gleichzeitig zu erledigen, tatsächlich weniger leistungsfähig sind als Menschen, die sich auf eine Aufgabe konzentrieren. Wenn Du also mehr Achtsamkeit in Dein Leben bringen möchtest, ist es wichtig, dass Du Dich von der Gewohnheit des Multitaskings verabschiedest und Dich auf eine Sache konzentrierst. Fokussiere Dich ganz bewusst auf die Aufgabe, die Du gerade tust und lasse alle anderen Gedanken los. Dies kann am Anfang schwer sein, doch mit etwas Übung wirst Du merken, wie viel besser Du Dinge erledigen kannst, wenn Du Dich uneingeschränkt darauf konzentrierst. Der Schlüssel zum Erfolg liegt darin, sich und seine Verhaltensweisen regelmäßig wohlwollend zu überprüfen.

Atem als Schlüssel zu mehr Achtsamkeit

Das Ein- und Ausatmen ist die natürlichste Sache der Welt. Und doch kann uns das bewusste Wahrnehmen unseres Atems zu mehr Achtsamkeit verhelfen. Denn wenn wir uns auf unseren Atem konzentrieren, sind wir im Hier und Jetzt. Das ist längst wissenschaftlich belegt.[3] Unser Geist wandert nicht ständig in die Vergangenheit oder in die Zukunft ab, sondern ist ganz bei dem, was gerade ist. Versuche es doch einfach mal – leg Dich bequem hin und atme ein paar Mal tief ein und aus. Spüre dabei, wie Dein Bauch sich hebt und senkt. Konzentriere Dich ganz auf den Atem – so kannst Du den Gedankenstrom stoppen und zur Ruhe kommen.

Zu Beginn werden Deine Gedanken sicherlich immer wieder abschweifen. Wenn das geschieht, kannst Du Dir die aufsteigenden Gedanken so wertfrei wie möglich ansehen und wie Wolken an Dir vorüberziehen lassen. Lenke Deinen Fokus immer wieder auf Deinen Atem.

---

[3](Davidson, et al., 2008)

Anfangs ist es nicht ungewöhnlich, es nur wenige Sekunden zu schaffen. Aber mit etwas Übung wirst Du immer besser darin, bei Deinem Atem zu bleiben. Und je öfter Du es machst, desto leichter wird es Dir fallen. Denn wie bei vielem im Leben gilt auch hier: Übung macht den Meister!

Stell Deine Routinen auf den Prüfstand

Wie sieht Dein typischer Tag aus? Kommst Du morgens mit den Füßen auf dem Boden auf, oder träumst Du noch einmal von dem Buch, das Dir letzte Nacht nicht mehr aus dem Kopf ging? Stell Dir jetzt bitte folgende Frage: Wie viel Aufmerksamkeit schenkst Du jeder Sekunde, jedem Moment, der in Deinem Tag passiert? Sei es, wenn Du Zähne putzt, Du Dich duschst oder anziehst.

Oftmals verrichten wir gerade gewohnte Handlungsabfolgen rein mechanisch und sind mit unseren Gedanken woanders. Dabei ist es aber gerade bei den täglichen Routinen so wichtig, uns bewusst zu machen, was wir tun und warum wir es tun. Beim Zähneputzen zum Beispiel: Nehmen wir uns die Zeit, um bewusst über die Bewegungen nachzudenken – welche Muskeln müssen anspringen, um die Hand zur Zahnbürste zu führen? Welchen Druck muss ich ausüben und warum ist es überhaupt notwendig meine Zähne zu putzen (abgesehen vom „weil's halt sein muss")?

Achtsamkeit bedeutet bewusster im Hier und Jetzt zu

leben. Das klingt vielleicht banal – ist es auf den zweiten Blick aber nicht.

Nimm Dir bewusst Zeit für diese Übung. Versuche für den Anfang gezielt eine viertel Stunde Deines Alltags zu beleuchten. Versuche darüber nachzudenken, welchen Sinn jede einzelne Sekunde dieser 15 Minuten hat und ob Du diese Sekunde vollends genießen kannst.

Plane Dir 3 x in der Woche eine viertel Stunde ein und Du wirst sehen, wie viel mehr Lebensqualität dies mit sich bringt.

Erstelle Deine persönliche Achtsamkeits-Checkliste

Ok, Du hast also beschlossen, dass Du mehr Achtsamkeit in Dein Leben bringen willst. Das ist ein großartiger Schritt für Dich und Dein Wohlbefinden. Aber wie genau sorgst Du dafür, dass das auch sicher klappt? Nun, ich habe einen Vorschlag: Erstelle Dir Deine persönliche Achtsamkeits-Checkliste mit 3–5 Punkten, die Du am nächsten Tag bewusst angehen willst.

Was soll in dieser Checkliste enthalten sein? Nun, das kommt ganz auf Dich an. Aber hier sind ein paar Vorschläge:

- Etwas, das Dich daran erinnert, jeden Tag eine bestimmte Anzahl von Minuten bewusst zu atmen. Das kann ein Post-it am Spiegel sein oder ein wiederkehrender Handyalarm.

- Eine Erinnerung, jeden Tag eine bestimmte Anzahl an Minuten für eine Meditation oder eine andere Art der Achtsamkeitsübung zu reservieren.

- Vorsätze, wie „Ich will heute beim Spazieren gehen mehr auf die Umgebung achten" oder „Ich will in der Mittagspause bewusst 5 Minuten lang sitzen und mich entspannen".

- Eine Erinnerung, Dir selbst jeden Tag etwas Gutes zu tun – sei es ein kleines Geschenk, ein Spaziergang in der Natur oder einfach nur eine Tasse Tee in Ruhe und vor allem bewusst zu genießen.

Du kannst natürlich weitere Punkte hinzufügen – ganz wie es Dir beliebt. Mein Tipp: Übertreib es nicht. Lieber klein anfangen und dranbleiben als groß starten und schnell scheitern.

Wichtig ist, dass DIR die Checkliste tatsächlich hilft, mehr Achtsamkeit in Dein Leben zu bringen. Also experimentiere ein wenig und finde heraus, was für Dich am besten funktioniert. Indem Du Dir jeden Abend eine neue Checkliste erstellst, hast Du bald schon einige neue Gewohnheiten etabliert, die Dich von Tag zu Tag achtsamer durch den (All)Tag gehen lassen!

> *„Langfristige Planung funktioniert auf kurze Sicht am besten."*
> ◊
> Euripides

Planlos geht der Plan los.

Auf den folgenden Seiten hast Du Gelegenheit, Dir Notizen zu machen. Mir ist bewusst, dass das ein wenig Mühe macht. Doch als Autor kann ich Dir sagen: Das schriftliche Festhalten seiner Gedanken bewirkt etwas. Und in Handschrift verfasstes umso mehr.

Am sinnigsten ist das gleich jetzt, wo Deine Gedanken gerade schon beim Thema sind. Der erste aufkommende Gedanke ist häufig der wertvollste. Die Fragen können Dir als mögliche Unterstützung dienen.

- Welche Erkenntnis konnte ich über mich in Hinblick auf das Thema Achtsamkeit gewinnen?

- Bin ich damit zufrieden, oder entsteht hieraus ein Handlungsbedarf?

- Formuliere Dein persönliches Ziel* zu Deiner Achtsamkeit in eigenen Worten: Wie will ich durchs Leben gehen?

- Was tue ich, um meine gesteckten Ziele zu erreichen?

- Wie versichere ich mich, dass ich die Themtik im Laufe der Zeit nicht wieder aus den Augen verliere?

*Ziele / Zielformulierungen erhalten in diesem Buch einen eigenen kleinen Abschnitt (Ab Seite 98).

Dort erfährst Du, warum klar formulierte Ziele wichtig sind und warum unbedingt darauf geachtet werden sollte, wie sie formuliert werden.

_____

_____

_____

_____

_____

_____

Ich will ganz ehrlich sein: gelegentlich verfallen auch geübte Menschen zurück in alte Denk- & Verhaltensmuster. Deshalb ist es umso wichtiger, sich Achtsamkeit immer wieder bewusst zu machen, um zu ihr zurückzufinden.

Das macht das Üben von Achtsamkeit zu einer wiederkehrenden Aufgabe – so ähnlich wie Zähne putzen. Doch wie bei der Zahnpflege sollte man diese Mühe unbedingt auf sich nehmen.

Wer es einmal geschafft hat, in den Genuss der Vorzüge gelebter Achtsamkeit zu kommen, ist klar im Vorteil: Es fällt mit jedem einzelnen Mal leichter, sich wieder bewusster mit seinem (ER)Leben zu befassen. Man könnte also sagen, dass man mit jedem „unachtsam werden" und wieder zu mehr Achtsamkeit zurückzufinden besser darin wird.

Diese Sicht ist auch deshalb so begrüßenswert, da sie uns unsere Fehler verzeiht, anstatt unnötig hart mit uns selbst ins Gericht zu gehen. Doch diese Thematik hat in Form des Kapitels „Selbstliebe" ihre ganz eigene Betrachtung verdient.

Meditation **Affirmation**
Achtsamkeit **Achtsamkeit**

Im Audioteil findest Du sowohl eine Meditation zur Schulung Deiner Achtsamkeit sowie gesprochene Affirmationen in der Ich-Form. Um sie abzurufen/herunterzuladen, scanne einfach den QR-Code.
Ich wünsche Dir viel Freude damit.

Mentale Flexibilität

Von Rechthaberei und Engstirnigkeit

Hier zur Einleitung dieses Kapitels eine kurze Geschichte des jungen Menschen, der immer recht hatte. Zumindest dachte er, das sei so. Auch wenn noch so viele Andere seine Meinung nicht teilten. Sie mussten sich irren. Denn er hatte schließlich immer recht.

Der besagte junge Mensch würde sich mit anderen um dieses »Recht« streiten, selbst wenn sie aussagekräftige Beweise „gegen ihn" hätten. Es spielte ihm in die Karten, dass er stets gute Gründe und Rechtfertigungen parat hatte. Der junge Mensch schreckte nie vor einem Streit zurück und versuchte immer zu beweisen, dass er »im Recht« war. Dies führte dazu, dass er in eine Menge von Auseinandersetzungen mit Freunden, Verwandten und sogar Fremden geriet. Das wiederum führte zu vielen Streitereien und Konflikten in seinem Leben. Aber hey: oft bekam er recht...

Andere Geschichte: In Jean de La Fontaines Fabel „Die Eiche und das Schilfrohr" geht es um den Streit der im Titel genannten Pflanzen darüber, wer von ihnen der stärkere sei. Im übertragenen Sinn handelt die Fabel jedoch von der Bedeutung der Flexibilität im Angesicht von Widrigkeiten. Spoileralarm: Wer die Fabel aus dem Jahr 1668 lesen möchte, sollte die nächsten Zeilen überspringen.

Zusammengefasst ist die beeindruckende, große Eiche starr und unflexibel, während sich das kaum eindrucksvolle Schilfrohr mit dem Wind biegen kann. Wenn ein

Sturm kommt, wird die vermeintlich so starke Eiche entwurzelt und zerstört, während das lauchig anmutende Schilfrohr überlebt.

Was lernen wir aus dieser Geschichte? Zu viel Starrheit ist nicht immer von Vorteil. Gerade auf Ebene unserer Geisteshaltung ist Flexibilität ein echter Gewinn. Carol Dweck, Erfolgsautorin und Psychologie-Professorin an der Stanford University, beschreibt diese geistige Biegsamkeit im Rahmen eines „dynamischen" oder „statischen" Selbstbilds.[4]
Laut dieser Amerikanerin ist ein statisches Selbstbild eine fixe Denkweise, bei der Menschen glauben, dass ihre Fähigkeiten unveränderlich sind. Ein deutliches Anzeichen hierfür ist die feste Überzeugung, dass die eigene Intelligenz oder die eigenen Talente gänzlich festgeschrieben sind.

Im Gegensatz dazu gibt es die wachstumsorientierte, dynamische Denkweise. Diese Denkweise betont, dass Intelligenz und Talent durch harte Arbeit, gute Strategien und die Anregungen anderer entwickelt werden können. Menschen mit einer wachstumsorientierten Denkweise sehen Herausforderungen als Gelegenheit zum Lernen und Wachsen, anstatt sie als Bedrohung für ihr Ego zu betrachten. Forschungsergebnissen zufolge verfügen Menschen mit einer wachstumsorientierten Denkweise, im Vergleich zu Menschen mit einer fixen Denkweise, eine höhere Belastbarkeit.

---

[4](Dweck, 2017)

Was bedeutet das alles für Dich? Nun, wenn Du ein statisches Selbstbild hast, bedeutet das, dass Du wahrscheinlich leicht aufgibst, wenn Du mit Schwierigkeiten konfrontiert wirst und Widrigkeiten Dich entwurzeln – wie die erwähnte Eiche. Veränderungen (auch denen in Deinem Kopf) gehst Du dann, wenn irgendwie möglich, aus dem Weg.

Du erinnerst Dich an den jungen Menschen, der immer recht hatte? Die Detektive unter den Lesern werden es bereits vermuten: Ich war der junge Mensch. Als ehemaliger König der unflexiblen Denkweise kann ich guten Gewissens behaupten, dass es sich lohnt, an seiner mentalen Flexibilität zu feilen, wenn man mehr Fülle und Wohlbefinden in seinem Leben möchte.

Arbeitsteil
Mentale Flexibilität

Bist Du flexibel wie ein Schilfrohr?

Du ahnst es sicher bereits – es gibt was zu tun, sofern man etwas ändern möchte. Auch bei der geistigen Haltung kann es nicht schaden, zu wissen, wo man gerade steht. Nimm Dir darum einen kurzen Moment und beantworte die folgenden 9 Fragen, ohne lange darüber zu grübeln. Mache dort jeweils ein kleines Kreuzchen.

1. Wie stehst Du zu Veränderungen, die Dich und Dein direktes Umfeld betreffen?	
O Veränderung ist beängstigend. Ich mag keine Veränderungen.	O Ich mag Veränderungen. Veränderung bedeutet Fortschritt. Veränderung ist spannend und aufregend!
2. Bist Du in Deinen Augen noch derselbe Mensch, der Du als Kind warst?	
O Ja, ich bin so ziemlich derselbe Mensch.	O Nein, ich habe mich sehr verändert, seit ich ein Kind war.
3. Glaubst Du, dass Menschen sich ändern können?	
O Nein, Menschen können sich nicht wirklich ändern.	O Ja, jeder Mensch kann sich neu erfinden / hat die Möglichkeit, sich zu verändern.
4. Glaubst du, dass du in 10 Jahren noch derselbe Mensch sein wirst wie heute? In 20 Jahren? In 30 Jahren?	
O Ja, ich denke, ich werde so ziemlich die gleiche Person sein.	O Nein, ich denke, ich werde mich auf jeden Fall mit der Zeit verändern.
5. Wenn Du das Wort Risiko hörst, woran denkst Du als erstes?	
O Angst. Verlust. Probleme.	O Aufregung. Chancen. Herausforderungen.
6. Probierst Du gerne neue Dinge aus?	
O Ich bleibe lieber bei Altbewährtem.	O Ja, ich liebe es, neue Dinge auszuprobieren!

7. Wie stehst Du zu Überraschungen?	
O Ich mag keine Überraschungen. Ich weiß gerne, was mich erwartet.	O Ich liebe Überraschungen! Es ist aufregend, überrascht zu werden.
8. Hast Du das Gefühl, dass Du mehr als nur ein „Ich" hast? Ist Deine Identität je nach Situation unterschiedlich?	
O Ich glaube nicht, dass sich meine Identität viel ändert, egal in welcher Situation.	O Ich habe definitiv verschiedene Aspekte meiner Persönlichkeit / meines Selbst.
9. Hast Du das Gefühl, dass sich Deine Meinung über Dich selbst und darüber, wer Du bist, oft ändert? Oder bleibt sie ziemlich konstant?	
O Sie bleibt ziemlich konstant.	O Meine Meinung über mich selbst ändert sich oft.

Und wie sieht es aus? Bist Du mehr in der linken oder in der rechten Hälfte daheim? Es ist in jedem Fall in Ordnung, soviel sei gesagt. Doch wenn Du intuitiv eher bei den linken Antworten landest, scheinst Du eine teils unflexible Denkweise zu leben, die Dich gelegentlich sicherlich am „Glücklichsein" hindert. Falls es Dir gerade nicht möglich ist, Deine jetzige Perspektive zu verlassen, musst Du mir eines einfach glauben: Es ist möglich, Veränderungen und Ungewissheit als positiv zu erleben.

Notiere Deine Gedanken, die Dir diesbezüglich über Dich selbst in den Kopf kommen. Der erste Gedanke ist meist der zutreffendste.

Hat sich ein Handlungsbedarf für Dich herauskristallisiert? Sollte das der Fall sein, biete ich Dir im Folgenden Möglichkeiten, an Deiner Flexibilität zu feilen. Andernfalls kann ich Dich beglückwünschen: Du bist bereits gut aufgestellt, was Deine Art der Wahrnehmung in Hinblick auf Deine mentale Flexibilität angeht – das ist ein echter Meilenstein auf dem Weg zu Fülle und Glück!

Die folgende Vorgehensweise hat es mir binnen kurzer Zeit ermöglicht, meine teils enorme Engstirnigkeit durch Offenheit und Neugier zu ersetzen. Ich wünsche Dir, dass sie Dir ähnliche Erfolge bereitet.

Bevor es losgeht: Schnappe Dir Deinen Kalender (egal ob oldschool oder digital – wichtig ist, dass Du ihn anwendest) und lege fest, welche Tage Du Deiner geistigen Flexibilität widmen möchtest. Mein Vorschlag: Plane Dir an mindestens 5 Tagen innerhalb der nächsten zwei Wochen jeweils 10 Minuten ein, in denen Du Dich mit der kommenden Aufgabe beschäftigst. Mir hilft es immer, einen Kalendereintrag MIT ERINNERUNG zu verwenden, da das Alltagsgeschehen manchmal jeden noch so gut durchdachten Vorsatz aus dem Blickfeld wandern lässt.

So sagst Du Engstirnigkeit den Kampf an

Halte Deine Gedanken zu folgenden Punkten (am besten hand-)schriftlich fest:

Teil 1: • **Welche Chancen** bieten sich mir heute (wenn Du es morgens machst) / morgen (wenn Du es abends machst), zu lernen, zu wachsen und mich zu verbessern?

• **Wie** kann ich diese Chancen in Taten verwandeln? Mach Dir einen Plan und halte ihn fest.

• **Wann, wo und wie** werde ich diesen Plan umsetzen?

Teil 2: Reflektiere am Tagesende: Hast Du Deine Ziele erreicht? Wie ist es Dir ergangen? Schreibe auch das kurz auf.

• **Erfolg gehabt?** Dann frage Dich, wie Du das gemeistert hast und wie Du diesen Erfolg aus bauen kannst. Nehme Deine Erkenntnisse mit in den neuen Plan für den Nächsten Tag.

• **Gab es Rückschläge / Hindernisse?** Gab es hierdurch Chancen, Möglichkeiten oder Wissenszuwachs für Dich oder ist es möglich, dass sich dies noch ergibt? Berücksichtige diese bei Deinem neuen Plan für den nächsten Tag.

• **Unmotiviert oder schlecht drauf?** Setze Deinen Plan trotzdem um. Du kannst das. Wenn Du jetzt dranbleibst, wirst Du Deine Art zu denken in Richtung Zufriedenheit lenken!

Erkenne auf diese Weise peu à peu **Hindernisse und vermeintliches Scheitern als Wegweise**r fürs nächste Mal, anstatt Dich davon niedermachen zu lassen. Dein Blickwinkel bestimmt Deine Emotion / Motivation!

Achte darauf, wann eine starre Denkweise auftritt und versuche sie Schritt für Schritt zu „besänftigen", sodass Du sukzessiv zu einer immer flexibleren Denkweise kommst.

Trage Deine offene Geisteshaltung nach außen und halte Dir bei vermeintlichen Fehlern anderer vor Augen, dass ein statisches Selbstbild die Ursache für ihr Verhalten sein könnte. Die Reaktionen Deines Umfelds werden Dich positiv überraschen!

Du möchtest noch mehr für Deine wachstumsorientierte Denkweise tun?

9 praktische Tipps, die Dir zu mehr Flexibilität verhelfen können.

1. Schau über Deinen Tellerrand hinaus: Mach einmal einen Spaziergang im Freien, wenn Dein Zeitplan knapp ist, reichen schon 10 Minuten. Wozu? Um einmal ganz gezielt auf Deine Umgebung zu achten. Versuche, Deinen Fokus gezielt auf Dinge zu richten, die sonst eher wenig Aufmerksamkeit von Dir erhalten. Beispielsweise wie das Licht auf die Blätter eines Baumes fällt, wie sich eine Wolke über den Himmel bewegt oder wie flüssig der Verkehr durch einen Kreisverkehr fließt – es gibt immer viel zu sehen (man muss es nur sehen). Durch diese entschleunigende Übung bekommst Du nicht nur frische Luft, sondern machst Deinem Gehirn auf freundliche Weise bewusst, dass es außerhalb der gewohnten Wahrnehmung noch mehr gibt.

2. Spreche mit jemandem, den Du noch nicht kennst: Beginne ein Gespräch mit einer Person, den Du nicht (oder zumindest nicht so gut) kennst. Frage nach ihrem Tag, ihren Hobbys oder ihren Gedanken zu aktuellen Ereignissen. Im zweiten Schritt gilt es, zu versuchen, Dich in die Aussagen des gegenübers hineinzuversetzen. Das schult Deine Empathie und eröffnet mental neue Wege zu denken.

3. Probiere etwas Neues aus: Egal, ob es sich um ein neues Essen, ein neues Hobby oder eine neue Aktivität handelt, verlasse die Komfortzone und mach es einfach. Das kann massiv dabei helfen, den Geist für neue Möglichkeiten und Perspektiven zu öffnen. Es muss nicht immer aufwendig sein: Es kann schon genügen, einmal gezielt etwas anderes im TV anzusehen, sein Essen anders zu würzen oder einen neuen Podcast zu hören.

4. Übe Dich in Geduld: Wenn Du Dich frustriert fühlst oder sich Ungeduld in Dir breit macht, atme tief durch und versuche, die Situation wahlweise aus der Vogelperspektive oder gar aus der Sicht einer anderen Person (mit anderem Standpunkt) zu sehen. Ungeduld lässt sich auf diese Weise wunderbar in Geduld wandeln. Dies wiederum kann helfen, eine angespannte Situation zu entschärfen. Aber ich will ehrlich sein:

Diese Übung ist schwierig. Vor allem deshalb, weil man erst einmal wahrnehmen muss, dass man sich gerade ungeduldig oder frustriert fühlt. Doch es lohnt sich, dranzubleiben.

5. Zeige Dich aufgeschlossen: Wenn Du mit jemandem sprichst, höre wirklich zu, was er sagt. Versuche, den Standpunkt des anderen zu verstehen, gerade dann, wenn Du anderer Meinung bist. Aufgeschlossen zu sein bedeutet nicht, dass Du Deine eigene Meinung ändern musst. Es bedeutet vielmehr, dass Du bereit bist, zuzuhören, die Sichtweise anderer Menschen kennenzulernen und zu akzeptieren.

6. Gelegenheit macht flexibel: Wenn etwas nicht wie geplant läuft, gibt es mehrere Möglichkeiten zu reagieren. Eine weit verbreitete ist, sich gegen die Realität zu sträuben und einfach nicht akzeptieren zu wollen, dass es gerade ist, wie es ist. Das sorgt für eine Menge Reibung und Stress, da sich Situationen häufig einfach nicht ändern lassen. Daher ist die attraktivere Option, genau jetzt flexibel zu sein. Wie? Indem man „ganz einfach" mit dem Strom schwimmt und sich nüchtern fragt, ob oder wie man nun das Beste aus der Situation machen kann.

- Bus verpasst? „Okay. Ungünstig, aber die Welt wird deshalb vermutlich nicht aufhören, sich zu drehen. Wie komme ich nun nach Hause? Fährt vielleicht eine Straßenbahn? Kann ich die Zeit bis zum nächsten Bus vielleicht anderweitig nutzen und noch etwas erledigen?" Diese Art des Denkens kann Dir langfristig dabei helfen, Dich an neue und selbst unerwünschte Situationen anzupassen. Du schulst dadurch Deine Problemlösungskompetenz und lebst definitiv entspannter.

7. Bin ich einmal in der Not, gönn' ich mir ein Pausenbrot. Oder zumindest eine kleine Pause. Wenn Du Dich mal überfordert oder gestresst fühlst und Du nicht weißt, wie Du alles schaffen sollst, tritt auf die (Gedanken-)Bremse. Gerade in Zeiten der Überforderung kann es helfen, sich ein paar Minuten Zeit für sich selbst zu nehmen, um sich zu entspannen und zu erholen. Nach ein paar bewussten Atemzügen und idealerweise ein paar Schritten an der frischen Luft denkt es sich gleich viel leichter. Auch hier kann die Vogelperspektive hilfreich sein. Stell Dir vor, Du siehst die Gesamtsituation mit Dir mittendrin von oben. Was würdest Du diesem netten Menschen da unten raten, wie er vorgehen soll? So können Dir Pausen helfen, den Kopf freizubekommen und eine neue Perspektive zu gewinnen.

8. Stimuliere Deinen Geist: Herausforderungen für Dein Gehirn können dazu beitragen, es scharfsinnig und dynamisch zu halten. Versuch es doch mal mit Rätseln, anspruchsvollen Spielen oder Denksportaufgaben, um Deinen Geist zu trainieren. Das hat nicht nur positiven Einfluss auf Deine Denkweise, sondern auch nachweislich positiven Einfluss auf das Gehirn.

9. Setze die rosarote Brille auf: Nimm Dir gezielt einige Minuten, um das Schöne und Positive um Dich herum zu entdecken. Das muss nichts Ungewohntes oder Außergewöhnliches sein. „Mein Kaffee schmeckt mir. Mir gefällt dieser Kugelschreiber. Die Rezeptionistin war sehr freundlich. Ich mag die flauschige Decke auf der Couch. Es tut den Pflanzen draußen gut, dass es regnet. Ich hatte schon lange keine Kopfschmerzen mehr." Auch wenn es sich anfangs unsinnig anfühlt, ist diese Übung eine wertvolle. Je öfter Du sie wiederholst, desto rosaroter wird Deine Welt. Das kann Dir helfen, das Schöne im Alltäglichen zu sehen und den Silberstreif in schwierigen Situationen zu finden – denn die wird es nun mal immer geben. Das ist keine einfache Aufgabe, doch es zahlt sich mit Sicherheit aus.

**Meditation
Mentale Flexibilität**

**Affirmation
Mentale Flexibilität**

Im Audioteil findest Du sowohl eine Meditation zur Schulung einer flexiblen Mentalität sowie gesprochene Affirmationen in der Ich-Form. Um sie abzurufen/herunterzuladen, scanne einfach den QR-Code.
Ich wünsche Dir viel Freude damit.

Selbstliebe

Willst Du nicht auf die Schnauze kriegen, musst Du Dich erst selber lieben.

Viele Menschen in Deutschland haben ein Problem damit, sich selbst zu lieben. Woran liegt das? Die angesehene Ärztin und Psychotherapeutin Mirriam Prieß geht im Rahmen eines Interviews zum Thema Selbstliebe darauf ein, dass ihres Erachtens ein weit verbreiteter Erziehungsfehler „Schuld" an dem Mangel an Selbstliebe[5]: Die offenbarte Liebe zum Kind werde häufig an Bedingungen geknüpft. Natürlich lieben Eltern ihr Kind auch, wenn es mal nicht brav ist. Doch das Kind weiß das nicht zwingenderweise, wenn es unentwegt getadelt und im Zuge dessen unzureichend „bedingungslos" geliebt wird. Es müsse laut Prieß situationsunabhängig und unmissverständlich die so wichtige Botschaft „Du bist gut, wie Du bist" transportiert werden. Dabei handelt es sich zugegebenermaßen um eine sicher nicht immer einfache Aufgabe für Eltern.

Doch in meinen Augen gibt es einen weiteren Grund für die mangelnde Selbstliebe hier. Dieser ist so banal, wie entscheidend: Es liegt am Wort. Selbstliebe. Wenn man sich das auf der Zunge zergehen lässt, schwingt da doch, auch wenn es nur ein Funke ist, Arroganz und Selbstverliebtheit mit. Und das, so wurden jedenfalls die meisten von uns groß, sind alles andere als Tugenden. Ich behaupte, dass uns dies, wenn auch unterbewusst, glauben lässt, es sei arrogant oder egoistisch, sich selbst zu lieben.

---

[5](Gaulhiac, 2022)

Deshalb muss man sich bei diesem Thema im Vorfeld klarmachen, dass das nicht stimmt! Selbstliebe ist eine gesunde Einstellung, die es uns ermöglicht, unsere Fehler zu akzeptieren und uns selbst so zu lieben, wie wir sind. Selbstverliebtheit hingegen ist eine narzisstische Einstellung, bei der wir denken, dass wir perfekt sind und andere Menschen nicht so wertvoll wie wir.

Die Wahrheit ist: Selbstliebe ist eine der wichtigsten Eigenschaften, die jeder Mensch entwickeln sollte. Nur wer sich selbst liebt, kann auch andere (bedingungslos) lieben. Wer sich wegen seiner Makel schämt oder sich unzulänglich fühlt, kann auch nicht frei von Egoismus oder Arroganz handeln.

Selbstliebe ist Selbstachtung und Selbst-Wertschätzung.

Sie hilft uns dabei, uns selbst besser zu verstehen und unsere Stärken und Schwächen besser zu erkennen. Dadurch können wir uns selbst besser behandeln und nehmen vermeintlich Negatives nicht so ernst. Und das ist gerade in (global) schwierigen Zeiten eine tolle Sache.

Lieb Dich selbst und steh für Dich ein!

Dass viele Probleme damit haben, sich selbst zu lieben, hat teils starken Einfluss darauf, wie wir unser Leben leben. Wenn wir uns selbst nicht lieben können, ist es auch schwierig für uns, Interessen durchzusetzen und

Bedürfnisse zu erfüllen. Die Folge: Wir stellen eigene Wünsche nach hinten und richten kaum Aufmerksamkeit auf uns selbst. Schließlich wollen wir es ja unserem Umfeld recht machen und uns selbst nicht zu wichtig nehmen. Doch das sind wir: wichtig. Du selbst bist Dein wichtigster Mensch. Ob Dir dessen bewusst bist oder nicht.

Rhetorische Frage: Was haben geliebte Menschen und sogar Arbeitskollegen / der Chef davon, wenn Du stets ihre Interessen vor die eigenen stellst? Am Ende ein sehr unzufriedenes, frustriertes, krankes oder resignierendes Dich. Ob in Deiner Rolle als Elternteil, im Angestelltenverhältnis oder der Beziehung – Du selbst solltest für Dich einstehen. Alles andere ist in niemandes Interesse.

Selbstliebe ist hier eine wirkungsvolle Angelegenheit. Wenn wir uns selbst lieben, sind wir in der Lage, unsere Bedürfnisse auszudrücken und uns gegenüber anderen Menschen zu behaupten. Dadurch werden Beziehungen auf lange Sicht stärker und es gibt weniger Konflikte (in Dir). Du musst Dich deshalb nicht selbst vergöttern oder überheblich handeln. Durch die hinzugewonnene Sicherheit fühlen wir uns wohler in der eigenen Haut – und können praktischerweise folglich unsere Stärken besser entfalten.

Wenn Du also gelegentlich Angst hast, Deine Meinung zu sagen und Deine Wünsche zur Realität zu machen, ist es höchste Zeit, Dir selbst mehr Anerkennung zu geben und Dich selbst zu lieben!

Hier spielt die Musik. Der innere Dialog – wie wir (unbewusst) mit uns selbst sprechen.

Unsere Beziehung zu anderen ist ein Spiegelbild unserer Beziehung zu uns selbst. Wenn wir uns ablehnen, werden wir auch von anderen abgelehnt fühlen. Und umgekehrt: Wenn wir uns selbst lieben und respektieren, werden wir auch von anderen geliebt und respektiert.

In erster Linie findet die Bandbreite von Selbsthass bis zu Selbstliebe in uns statt. In unserem inneren Dialog. Er ist die ständige Konversation, die wir unbewusst mit uns selbst führen. Dieser Dialog beeinflusst stark unsere Gefühle und Handlungen und entscheidet oft darüber, in welche Richtung sich unsere Erfahrungen entwickeln.

Wenn unser innerer Dialog negativ ist, sprechen wir uns ständig alles ab: "Ich bin nicht gut genug", "Ich bin nicht hübsch / schlau / stark genug", "Ich kann das nicht". Auf Dauer verinnerlichen wir diese negativen Glaubenssätze und fangen an, uns selbst zu hassen oder zu verachten. In diesem Zustand ist es, wie Du Dir vorstellen kannst, unmöglich, wirklich glücklich zu sein. Doch wie oft denken wir darüber nach, was wir uns selbst sagen?

Die gute Nachricht ist, dass wir unseren inneren Dialog beeinflussen können. Egal, wie düster er in der Ausgangslage auch sein mag. Es ist wichtig, sich erst einmal bewusst zu machen, was man sich selbst sagt.

An dieser Stelle kann man ansetzen und etwas zum Besseren ändern. Im Arbeitsteil warten Möglichkeiten hierzu auf Dich.

Selbstliebe als Beziehungskleber

Wenn wir uns selbst nicht lieben können, fühlen wir uns oft unzulänglich und unattraktiv. Das Annehmen der Liebe und Akzeptanz kann dann schwerfallen. Was findet er/sie nur an mir? Was das mit der Ausstrahlung anrichtet, kannst Du Dir ja vorstellen. Sexy ist es jedenfalls nicht.

Selbstliebe ist ein wichtiger Teil jeder gesunden Beziehung. Sie dient als Grundlage für die Liebe zu anderen Menschen und hilft uns, authentisch zu sein. Ohne Selbstliebe können wir keine authentischen Beziehungen aufbauen und fühlen uns ständig ungeliebt und alleingelassen.

In einer gesunden Beziehung müssen beide Partner lernen, ihre Selbstachtung und ihre Bedürfnisse zu verteidigen. Und ohne Selbstliebe ist das nahezu unmöglich.

Mit einer positiven Haltung uns selbst gegenüber schaffen wir also eine solide Basis für jede Beziehung – egal ob zu einem Partner, einem Freund oder einem Familienmitglied.

Doch der wertschätzende Umgang mit uns selbst hat noch weitere positive Effekte auf das gesellschaftliche

Miteinander: Dadurch, dass wir uns selbst akzeptieren, wie wir sind, fällt es zunehmend leichter, auch eine positivere Sichtweise auf andere Menschen zu entwickeln. Und wir anerkennen können, was andere Menschen an Stärken und Schwächen mitbringen, ist es leichter für uns, ihnen zu vertrauen. Wenn wir jedoch unbewusst oder bewusst negative Gedanken über andere haben, vermindert das unsere Fähigkeit, empathisch zu sein und entsprechend ihnen zu interagieren.

Es mag zu Beginn so manchem schwierig erscheinen, sich selbst zu lieben, wenn sich gedanklich immer wieder aufdrängt, was man nach alter Überzeugung doch alles falsch gemacht hat, wie viele Ecken und Kanten man hat und was es nicht noch alles zu verbessern gibt. Doch es ist möglich, sich selbst zu lieben – auch wenn man nach bisherigen Maßstäben nicht perfekt ist. Im Folgenden erhältst Du ein paar Möglichkeiten, die Dir dabei helfen können, Dir dieses Bewusstsein einzubläuen.

Arbeitsteil
Selbstliebe

Praktische Tipps um Selbstliebe zu entwickeln

Soweit so gut. Du hast nun also erfahren, dass es eine sinnige Sache ist, das Bild von Dir selbst möglichst wertschätzend zu zeichnen. Jetzt geht's um die Wurst: Wie sollst Du das anstellen? Ich vermute, jeder Mensch tickt ein wenig anders, sodass jeder für sich herausfinden muss, was am besten für ihn funktioniert. In diesem Arbeitsteil erhältst Du einen Einblick in Übungen, die sich für mich stimmig anfühlen – ich hoffe, Du kannst ihnen etwas abgewinnen.

Dein Status quo. Wo stehst Du gerade?

Beantworte kurz diese neun Fragen mit Ja oder Nein (wenn es schwierig ist, Dich zu entscheiden, hör einfach auf den ersten Impuls). Das soll Dir dabei helfen, eine kleine Selbstliebe-Bestandsaufnahme zu machen. Der erste Schritt etwas zu verändern, ist zu erkennen und akzeptieren, dass es gerade ist, wie es ist.

- Akzeptierst Du auch vermeintlich schlechte Seiten an Dir?

- Kannst Du Dir vergeben, wenn Du im Nachgang bemerkst, dass Du Dich falsch verhalten hast?

- Hast Du Verständnis dafür, warum Du in negativen Situation so gehandelt hast, wie Du gehandelt hast?

- Stehst Du anderen gegenüber zu Deinen Gefühlen?

- Gönnst Du Dir regelmäßig etwas? (Damit meine ich nicht einen hektischen Kaffee zwischen zwei Terminen)

- Glaubst Du, Du bist im Leben auf dem richtigen Weg?

- Wenn Du Dich und Dein Leben betrachtest – hast Du den Fokus dann bei Dir selbst? (Statt Deine Art, Deinen Körper oder Deinen Status mit anderen zu vergleichen)

- Sprichst Du im inneren Dialog gefühlsmäßig gut mit Dir selbst? (statt Dich selbst herunter zumachen)

- Lebst Du Dein Leben nach Deinen Wünschen? (anstatt Dein Leben nach Deinen Mitmenschen auszurichten und eigene Bedürfnisse nach hinten zu stellen)

Konntest Du viele der Fragen mit einem von Herzen kommenden „JA!" beantworten? Das ist spitze und zeigt, dass Du vermutlich andere Baustellen hast, als Dich selbst wertzuschätzen. Es ist aber auch kein Grund zu verzagen, wenn Du eher zur Fraktion der Nein-Sager gehörst. Darum sind wir ja hier. Bereits die nun offen vor dir liegende Erkenntnis ist gold wert. Nimm Dir einen Moment und schreibe Deine Gedanken zu Deinem Verhältnis zu Dir selbst auf. Kein Grund sich zu schämen – es ist, wie es ist.

Liebe Deinen Körper!

> *Who's that sexy thing I see over there? That's me, standin' in the mirror*
> ◊
> Meghan Trainor

Schönheit liegt im Auge des Betrachters, so sagt man. Aber was passiert, wenn alle denselben unrealistischen Schönheitsstandards hinterherjagen? Das ist ein Rezept für eine Katastrophe. Ein Blick auf die Schönheitsindustrie genügt, um zu sehen, was ich meine. Jedes Jahr werden Milliarden für Produkte und Verfahren ausgegeben, die versprechen, den Menschen zu einem "perfekten" Aussehen zu verhelfen. Und was bekommen die Menschen dafür? Einen Haufen Schulden, eine Menge Schmerzen und oft noch größere Komplexe wegen ihres Aussehens.

Es ist an der Zeit, dass wir aufhören, absurden Schönheitsidealen hinterherzujagen, und anfangen, uns so zu lieben, wie wir sind. Das bedeutet nicht, dass wir aufgeben müssen, uns um uns selbst zu kümmern, uns gut zu ernähren, Sport zu treiben oder unser Bestes zu geben. Es bedeutet vielmehr, zu akzeptieren, dass es so etwas wie perfekte Schönheit nicht gibt. Wir sind alle einzigartig schön, und das sollten wir feiern und nicht verstecken. In der Werbung ist oft von Body Positivity die Rede, während in der Regel bildschöne, leicht rundliche Frauen gekonnt in Szene gesetzt werden. Ich glaube, damit ist es nicht getan. Auch nicht jedes Gesicht sieht so aus, als wäre es für ein Zeitschriftencover gemacht – das ist nunmal so. Und der Punkt ist folgender: DAS IST OKAY SO! Wir brauchen keine Body Positivity – wir brauchen „Das-geht-nur-mich-was-an-ity" und „Ich-bin-wie-ich-bin-ity".

Wenn Du mit Deinem Körper unzufrieden bist, ist es an der Zeit, darüber nachzudenken, wie du Frieden mit ihm schließen kannst. Eine Möglichkeit, dies zu tun, besteht darin, dich auf die Pflege deines Körpers zu konzentrieren, anstatt auf die Veränderung. Treibe Sport, ernähre Dich richtig und schlafe ausreichend. Das sind alles wichtige Bestandteile eines gesunden Lebensstils, die Dir auch helfen können, Dich mit deinem Aussehen besser zu fühlen.

Wenn Du anfängst, Dich um Deinen Körper zu kümmern (im Sinne von für ihn sorgen), wirst Du ihn mit Sicherheit schon bald in einem positiveren Licht sehen. Anstatt ihn als Problem zu sehen, das behoben werden muss, solltest Du einmal folgende Perspektive Einnehmen: Dein Körper ist ein einzigartiges, wertvolles Gefäß, ohne das es Dir nicht möglich wäre, das Leben in seiner Fülle zu genießen. Und das ist eine wunderbare Sache. Es geht also garnicht darum, WAS genau Du tust, sondern WIE – mit welchem Mindset:

Sport aus Selbsthass hat nicht den selben Effekt wie Sport aus Selbstfürsorge.

Ein mickriger Salat um endlich die Wampe loszuwerden hat nicht den gleichen Stellenwert, wie eine ausgewogene Mahlzeit, die Deinem Körper die Energie liefert, die er benötigt.

Diese Haltung ist erlernbar und trägt dadurch zu einer besseren Beziehung zu Dir selbst bei. Nimm Dir regelmäßig (Stichwort Kalender) ein paar Minuten in Ruhe für Deinen Körper. Mit der folgenden Übung kannst Du Deinem Unterbewusstsein vermitteln, dass Dein Körper liebenswert ist.

Gehe gedanklich bewusst in Dich:

Mach Dir bewusst, was Dein Körper für Dich tut und denke über die Herausforderungen nach, mit denen er sich jeden Tag konfrontiert sieht.

Nun geht es darum, Dich so gut wie nur irgendwie möglich in folgende Gefühle „hineinzufühlen". Je besser es Dir gelingt, desto mehr von der Message landet in Deinem Unterbewusstsein. Mach Dir nichts draus, wenn es sich beim ersten Mal falsch anfühlt oder sich etwas in Dir spießt.

Stelle Dir einmal vor, Deinen Körper von oben bis unten vor Dir zu sehen. So wie er ist. Und nun zum wichtigsten Punkt der Übung: Stelle Dir vor, Dein Körper hätte ein eigenes Bewusstsein – wie Du. Und in diesem Gedanken seid ihr beide ein Paar. Dein Körper ist Deine sprichwörtliche bessere Hälfte. Dein Körper war Dir immer treu. Und er hat stets nur die Absicht, Dir zu gefallen und es Dir recht zu machen.

Denke darüber nach, ob es so abwegig ist, Deinen

Körper so zu lieben, wie er ist. Ihn gänzlich so zu akzeptieren, wie er ist. Kannst Du vielleicht anfangen, ihn zu respektieren und zu schätzen? Viellecht kannst Du aufhören, ihn ständig zu vergleichen und zu beurteilen. Stell Dir vor, Du würdest ab sofort nicht mehr ständig an Deinem Körper herummäkeln und ihn strafen. Stell Dir vor, Du könntest endlich Frieden mit Deinem Körper schließen und ihn einfach lieben. Fühle so intensiv wie es Dir möglich ist, wie Du Deinen Körper annimmst. Mache Dir bewusst, dass er auf Deiner Seite ist. Und immer war. Dein Körper ist immer für Dich da.

Wie fühlt sich das an?

Durch diese ungewöhnliche Denk-Übung wirst Du mit der Zeit lernen, Deinen Körper als Teil von Dir anzusehen und stolz auf ihn zu sein. Er ist einzigartig und er gehört Dir – solange Du lebst!

Die anhängenden Audio-Dateien können Dich zusätzlich unterstützen. Das mit dem regelmäßigen Wiederholen mag zwar nervig erscheinen, ist aber entscheidend, wenn Du nachhaltige Veränderung möchtest. Wenn Du erst einmal verinnerlicht hast, das Dein Körper ein wertvoller Schatz ist, wird das nicht mehr so oft nötig sein.

Lass dich nicht von anderen beeinflussen.

Du hast Dich entschieden, Dir selbst mehr Liebe zu schenken und Dir bewusst zu machen, was Du an Dir magst. Das ist ein großartiger Schritt! Nun ist es an der Zeit, diese Zuneigung zu stärken, indem Du Dich von den negativen Einflüssen anderer Menschen abwendest. Man kann es ohnehin niemals jedem recht machen! Es passiert häufig wie von selbst, dass man sich von Kommentaren, Blicken, Gesten und sogar eigens erdachten Erwartungen Dritter beeinflussen lässt. Der Punkt ist: Nur Du steckst in Deiner Haut! Du musst Dich wohl fühlen und mit Deinen Entscheidungen leben. Also lass die Erwartungen anderer (oder was Du dafür hältst) nicht in Dein Herz sickern.

Nehme Dir mit Zettel und Stift für mindestens zwei Wochen jeden Tag eine Situation zur Brust, wo Du entweder a) nach Deinen Wünschen handelst, Dich jedoch die Reaktion Deines Umfelds belastet oder b) Du Dich im Leben verbiegst, um es anderen Recht zu machen.

Gründe, warum etwas Deinem Umfeld nicht gefallen könnte, sind Dir mit Sicherheit bewusst – das brauchen wir nicht festzuhalten. Darum schreibst Du Dir gezielt 3 oder mehr Argumente in der ich-Form auf, warum es in Ordnung ist, in dieser speziellen Situation so zu handeln, wie Du möchtest.

Ein Beispiel: Du bist nicht gerne Gastgeber, richtest dennoch regelmäßig die Familienfeier aus.

Mögliche Gründe, Dich künftig durchzusetzen und Dich auch mal bewirten zu lassen:

- Es ist unfair, wenn alles an mir hängen bleibt.
- Auch ich habe es verdient, mich mal verwöhnen zu lassen.
- Es ist mein gutes Recht nein zu sagen, wenn ich etwas nicht möchte.

Gönn Dir was!

Es kann leicht passieren, dass man sich in der Hektik des Alltags verzettelt und vergisst, sich um sich selbst zu kümmern. Eine Möglichkeit, Dir selbst etwas mehr Liebe zu zeigen, ist, Dir etwas zu gönnen. Das muss kein teures Geschenk sein, sondern kann etwas so Einfaches sein wie eine gezielte halbe Stunde mit einem neuen Buch, ein langes Bad oder ein Abend mit Freunden. Wichtig ist, dass Du Dir die Zeit nimmst, etwas zu tun, das Dich glücklich macht. Wenn Du Dein eigenes Glück zur Priorität machst, wirst Du feststellen, dass Du mehr Energie und Enthusiasmus hast, um die Herausforderungen des Alltags zu meistern. Doch allem voran sollte Dir diese Sache oder Tätigkeit ein Lächeln auf Dein Gesicht zaubern. Also gönne Dir etwas – Du hast es verdient!

Hier noch ein paar Anregungen, die Dir den Anfang erleichtern können:

- Kaufe Dir einen Blumenstrauß
- Mach Dir ein besonderes Abendessen
- Lass Dich maniküren oder pediküren
- Mache einen kleinen Urlaub für Dich

- Sieh Dir alleine einen Film an, der Dich schon lange reizt

Wichtig: Diese Übung sollte fortan Pflicht für Dich sein. Lege selbst eine realistische Anzahl an „Gönn-Events" fest (bitte nicht einmal alle 6 Monate...) und halte Dich unbedingt daran. Du solltest Dich selbst bei der größten Hektik und Geschäftigkeit nie aus den Augen verlieren. Ein (elektronischer) Kalender kann da helfen.

Lerne, „Nein" zu sagen.

„Nein" zu sagen ist eine der wichtigsten Fähigkeiten, die Du lernen kannst, wenn es darum geht, Dich selbst zu lieben. Wenn Du immer „Ja" sagst, um jeden Preis, dann wirst Du nie lernen, Deinen eigenen Bedürfnissen und Wünschen Gehör zu schenken. Und wenn Du nie lernst, „Nein" zu sagen, dann wirst Du auch nie in der Lage sein, Dich selbst zu schützen – vor anderen Menschen und vor Dir selbst.

Das einfach von hier auf jetzt zu ändern, könnte überfordernd sein. Darum mein Vorschlag: Fang im Kopf an. Stelle Dir eine gezielte Situation vor, in der Du bislang nach der Nase Deines Umfelds getanzt hast. Und das, obwohl es Dir gegen den Strich ging. Je genauer Du die Situation visualisierst, desto besser.

Und dann handle so, wie es Deinen Bedürfnissen entspricht. Du solltest deshalb nicht hemmungslos / verletzend werden. Es geht lediglich darum, zu Dir zu stehen. Spiele die Situation gedanklich von vorne bis hinten durch. Und wenn Du das lange genug geübt hast (wann das ist, entscheidest Du selbst), ist es an der Zeit aus der Theorie Praxis werden zu lassen.

Meditation Selbstliebe   **Affirmation Selbstliebe**

Im Audioteil findest Du sowohl weitere Anregungen zu mehr Selbstliebe in form gesprochener Affirmationen in der Ich-Form sowie eine Meditation für mehr Selbstliebe. Um sie abzurufen/ herunterzuladen, scanne einfach den QR-Code.
Ich wünsche Dir viel Freude damit.

Gelassenheit

Der willkommene Tod Deiner Ängste, Sorgen & Gedankenspiralen.

Gedanken sind, gelinde gesagt, mächtig. Unsere Gedanken bestimmen teils unbewusst, teils bewusst, wie wir uns fühlen und was wir tun. Gedanken können uns motivieren oder deprimieren. Sie können uns dazu bringen, uns selbst zu sabotieren oder unsere Ziele zu erreichen. Wir können uns mit negativen Gedanken quälen oder uns mit positiven Gedanken glücklich fühlen.

Wenn wir negativ denken, tendieren wir dazu, häufig gegen unser eigenes Wohl zu handeln. Beispielsweise wenn wir uns mehr Sport als Vorsatz fürs neue Jahr genommen haben und bereits beim Aufstehen mit lähmenden Gedanken á la „Du packst das sowieso nicht!" herumschlagen dürfen. Wenn wir zielführend denken, sind wir dagegen geneigt, unser Leben in eine für uns erstrebenswerte Richtung zu leiten, weil sie uns motivieren, unsere Pläne in die Tat umzusetzen.

Es ist nicht wirklich überraschend, was das Nachdenken über dramatisches Weltgeschehen oder das Sinnieren über die fiese Art des Vorgesetzten mit der eigenen Gefühlswelt anstellen. Wenn wir über Dinge, die uns ängstigen, nachdenken, verhält es sich ganz ähnlich.

Die Vorfreude auf ein Wiedersehen, das Abholen des neuen Autos oder den Antritt des lang ersehnten Urlaubs dagegen heben die Stimmung in der Regel.

Ebenso wie der Gedanke, im Leben auf dem richtigen Weg zu sein. Grund genug, sich mit seiner Gedankenwelt auseinanderzusetzen. Das Problem an der Sache: Wir können erwiesenermaßen nur bedingt kontrollieren, WAS in unserem Kopf vorgeht[6], aber wir können lernen, WIE wir unsere Gedanken betrachten und mit ihnen umgehen.

> *Grübeln ist gedankliche Selbstzerfleischung.*
> ◊
> **Gerlinde Nyncke**

Eine häufige Ursache für Ängste und Sorgen ist in meinen Augen, dass man sich zu viele Gedanken über Dinge macht, die noch gar nicht passiert sind (oder niemals passieren werden). Der Begriff „grübeln" beschreibt den wenig hilfreichen Zustand, wenn sich unser Gehirn auf ein mögliches Problem fixiert und es einfach nicht loslässt – unabhängig vom Wahrheitsgehalt und der Wahrscheinlichkeit des Problems. Es müssen noch nicht einmal „eigene" Probleme sein. Man denkt konsequent, immer und immer wieder darüber nach. Man ist also gut beschäftigt, kommt aber kein Stück weiter – wie ein vermeintlich fleißiger Hamster im Laufrad.

Und je mehr man grübelt, desto ängstlicher fühlt man sich. Gepaart mit einer negativen Grundstimmung / ungünstigen Glaubenssätzen über sich und die Welt, ergibt sich ein Erfolgsrezept – für Angstzustände, die einen garantiert unglücklich machen.

---

[6](MORITZ, et al., 2016)

Hakuna matata.

Wir alle haben Ängste und Sorgen. Einige von uns haben Höhenangst, andere haben Angst vor Spinnen und wieder andere haben Angst vor öffentlichen Auftritten. Mit Sorgen ist es dieselbe Leier. Ob es Sorgen um Beziehung, Gesundheit oder Finanzen sind – Freude bereitet jedenfalls keine davon. Was, wenn es einen Weg gäbe, Ängste und Sorgen zu überwinden? Die Kapitelüberschrift lässt es Dich vermutlich bereits ahnen: Hier soll es darum gehen, wie Du Gelassenheit finden und damit dem Großteil Deiner Ängste und Sorgen den Rücken kehren kannst.

Doch diese fabulöse Fertigkeit hat noch weit mehr zu bieten. Gelassenheit beschreibt die Tugend, auch inmitten des Chaos innerlich wie äußerlich ruhig und friedlich zu bleiben. Eine Eigenschaft, die es uns ermöglicht, unter Druck einen kühlen Kopf zu bewahren, im Angesicht von Widrigkeiten unseren Sinn für Humor zu behalten und unser Gleichgewicht zu bewahren, egal, was das Leben uns vor die Füße wirft.

In einer Welt, die sich ständig verändert, ist Gelassenheit ein kostbares Gut. Sie ist der beste Weg, um jeden (metaphorischen) Sturm zu überstehen.

Wo ist der Haken?

Vollumfängliche Gelassenheit ist ein schwer anzuwendendes Konzept, vor allem weil wir von klein an jeden Funken natürlicher Gelassenheit abtrainiert bekommen. Kaum können wir laufen, wird uns beigebracht, dass es schlecht ist, nichts zu tun. Man vermittelt uns, wir sollen einerseits brav sein und keinen Lärm machen, anderseits jedoch gefälligst nicht auf „der faulen Haut liegen". Wir sollen produktiv sein. Das führt dazu, dass viele von uns mit dem Gefühl aufwachsen, ständig in Bewegung sein zu müssen, um erfolgreich und wertvoll zu sein. Die Wahrheit ist jedoch, dass gerade gezielte Untätigkeit eine gute Sache für die Seele und das Wohlbefinden sein kann, die sich letztlich positiv auf die Produktivität auswirkt.

Dazu werden wir ständig mit Lärm und Reizen bombardiert – kein Wunder, dass wir uns auf nichts konzentrieren können (siehe Achtsamkeit…)! Die gesellschaftlich anerkannte Vorstellung, immer beschäftigt und auf dem Sprung zu sein, hat sich auch auf unser Privatleben ausgewirkt. Verfügbarkeit rund um die Uhr – wer rastet, der rostet – moderne Technik lässt selbst die Armbanduhr bimmeln.

Kennst Du das? Jedes Mal, wenn Du Dich umdrehst, scheint es etwas Neues zu geben, worüber Du Dir Sorgen machen musst. Egal, ob es sich um einen drohenden Abgabetermin bei der Arbeit oder um einen Streit mit Deinem Partner handelt: Es kann sich so anfühlen, als ob der Seelenfrieden unerreichbare Utopie wäre.

Und selbst wenn die Dinge gut laufen, kann es schwer sein, sich zu entspannen und den Moment zu genießen – frei nach dem Motto „Warum sich zurücklehnen und die Aussicht genießen, wo es doch immer Grund zu Ärger und Sorge gibt?"

Zieht man dies alles in Betracht, ist es naheliegend, dass Gelassenheit nicht mal schnell gelernt wird. Selbst Menschen, die ihr komplettes Leben den Tugenden Achtsamkeit & Gelassenheit widmen, kommen niemals gänzlich an ihrem Ziel an.

Doch beim Thema Lebensführung gibt es zum Glück nicht nur Schwarz und Weiß. Meiner Ansicht nach geht es darum, sich wohl in seiner Haut zu fühlen. Motiviert zu sein, aber nicht getrieben. Ein denkendes Individuum zu sein, doch nicht verkopft und ängstlich.

Denn was hat das Leben für einen Sinn, wenn Du Dir nicht einmal einen Moment Zeit nehmen kannst, um die schönen Momente wirklich zu genießen, weil Du gedanklich stets bei weniger schönen Dingen hängst?

Ein Haken kommt selten allein.

Wenn Du dieses Büchlein quer lesen solltest und direkt zum Kapitel Gelassenheit gesprungen bist, habe ich eine minimal ernüchternde Botschaft für Dich:

Gelassenheit gibt's nur im Doppelpack – zusammen mit Achtsamkeit. Im Grunde wie damals, als ich meine Frau kennenlernte: Die gab's nur zusammen mit ihren beiden Katzen. Doch auch das hat sich im Nachgang als wundervoll erwiesen, also mach Dir nichts draus.

Achtsamkeit bedeutet im Kern, präsent zu sein und Deine Gedanken und Gefühle ohne Bewertung zu beobachten – mehr dazu im dazugehörigen Kapitel. Gelassenheit meint den Zustand, in dem Du (innerlich) frei von Störungen oder Unruhe bist. Um einen Zustand der Achtsamkeit zu erreichen, muss man also zuerst seinen inneren Frieden finden – und umgekehrt. Es ist also klar, dass diese beiden Ideen untrennbar miteinander verbunden sind. Wenn Du ein Gefühl der Ruhe und des Seelenfriedens erlangen willst, solltest Du damit beginnen, sowohl Achtsamkeit als auch Gelassenheit in Dein Leben zu integrieren.

Als Bindeglied zwischen Theorie und Praxis möchte ich Dir ein, wie ich finde, schönes, kurzes Gedankenspiel vorstellen. Gerade für Menschen, die zeitweise Probleme haben, ihre Gefühle anzunehmen, halte ich diese Metapher für hilfreich:

Der Gefühlsregen.

Stell Dir vor, Du wärst gerade draußen unterwegs. In der Stadt, im Wald, einen Feldweg entlang – ganz egal. Nun stell Dir vor, es beginnt zu regnen. Da der Regen recht unerwartet ist, hast Du keinen Schirm parat – und Gelegenheiten Dich unterzustellen, um trocken zu bleiben, gibt es auch keine. Ob Du Dir dessen bewusst bist oder nicht: Du wirst nun eine Entscheidung fällen.

Option 1: Du läufst angespannt, in geduckter Haltung, mit verkniffenen Augen und hektischem Schritt. Du schirmst Dein Gedicht mit den Händen ab oder ziehst Dir Dein Shirt über den Kopf. Du ärgerst Dich über die unerwartete Dusche.

Option 2: Als Du den Regen bemerkst, nimmst Du die damit einhergehenden sensorischen Empfindungen auf Deiner Haut wahr. Du riechst die veränderte, frische Luft, die der Regenschauer mit sich bringt. Du hörst, wie der Regen auf den Untergrund prasselt und die restliche Welt plötzlich ein wenig leiser wirkt.

Egal, welcher Gruppe Du (eher) angehörst – eines ist Fakt: Du wirst definitiv nass. Ist es nicht besser, unverkrampft und erhobenen Hauptes weiterzugehen, statt sich innerlich dagegen zu sträuben?

Genauso ist es im Leben mit aufkommenden Gefühlen. Es geht nicht darum, Gefühle zu entfernen. Es geht bei Gelassenheit viel mehr darum, sich den Kampf zu sparen.

Nun geht's aber mal ganz gelassen ins Tun – mit dem Arbeitsteil zum Thema Gelassenheit.

Arbeitsteil
Gelassenheit

Es gibt verschiedenste Techniken, um gelassener zu werden. Doch keine dieser Methoden ist für jeden gleich gut geeignet. Wie immer im Leben hat jeder Mensch unterschiedliche Vorlieben. Es hängt von Deinen Bedürfnissen, Erfahrungen und individuellen Präferenzen ab, welche Methode für Dich am besten geeignet ist. Darum habe ich Dir die nach meinen Recherchen (und persönlichen Erfahrungen) wirksamsten in diesem Arbeitsteil zusammengefasst. Es liegt bei Dir, Dich in die Übungen hineinzufühlen und abzuwägen, ob eine Technik nützlich für Dich erscheint.

Meine effektivste Übung für mehr Gelassenheit. Was denkt es da in meiner Birne? Defusion.

Ich muss ein wenig ausholen. Darum nimm Dir speziell diese Übung nur vor, wenn Du gerade etwas Zeit mitbringst.

Dir ist sicher schon des Öfteren aufgefallen, dass scheinbar wie aus dem Nichts Gedanken auftreten, die Dir glaubhaft vermitteln, was sie eben vermitteln wollen. Das kann sein: „Ich bin ein Genie", „Ich bin wunderschön", „Ich hab' alles Glück der Welt verdient" oder auch „Ich bin wertlos", „Ich kann gar nichts" oder „Ich schaffe xy nicht". Gerade die letzten drei haben, wenn man sie ernst nimmt, heftigen Einfluss auf unsere Stimmung. Doch sind diese Gedanken ernst zu nehmen?

Die kurze Antwort: Nein. Unser Denken ist nicht unfehlbar. Unser Denken ist nicht einmal ansatzweise „neutral", auch wenn wir es dafür halten. Es basiert auf teils eingefahrenen Glaubenssätzen, die wir uns selbst über die Jahre eingetrichtert haben, aus Aussagen Dritter übernommen oder aus Situationen / Verhaltensweisen abgeleitet haben.

In jedem Fall: Es sind „nur Gedanken". Dieser Satz stimmt jedoch in aller Regel nicht mit den inneren Überzeugungen überein. Wenn es Dir wie vielen Menschen (und früher auch mir) geht, nimmst Du im Grunde alles, was da in Deinem Kopf herumspukt, ernst. Nach dem Motto „Das, was ich denke, muss auch wahr sein – sonst würde ich es ja nicht denken." Die für mich mit Abstand wirksamste Methode für mehr Gelassenheit setzt genau an diesem Punkt an.

Der Name dieser Methode lautet Defusion. Defusion ist eine der 6 Kernprozesse des anerkannten verhaltensanalytischen Therapiekonzepts ACT[7]. Doch auch außerhalb des therapeutischen Rahmens lässt sich wunderbar damit arbeiten. Quasi in Eigentherapie.

Im Grunde versucht man bei dieser Technik, Abstand von den weniger förderlichen Gedanken zu gewinnen, sodass diese nicht mehr ungefiltert „für wahr" genommen werden. Wer darin Übung hat, wird merken, wie enorm positiv sich das auf die Stimmung auswirken kann. Wenn man es schafft, seine auftretenden Gedanken zu betrachten, bevor sie emotional in einem

---
[7](ACT)

herumwüten, kann man dadurch wunderbar die sprichwörtliche Kuh vom Eis holen.

Und das Beste: Nach einer gewissen Zeit wird es Dir dadurch „wie von selbst" gelingen, auch Gefühle ohne greifbaren Gedanken dahinter von diesem Winkel aus zu betrachten. Und das sorgt dafür, dass nicht nur unsere Gedanken, sondern auch unsere Gefühle uns nicht mehr so stark im Griff haben. So kann man langfristig Kurzschlussreaktionen vermeiden. Denn nicht unsere Gedanken und unsere Gefühle machen uns aus. Es sind unsere Handlungen.

Zusammenfassend funktioniert diese Technik, indem sie uns hilft, unsere Gedanken und Gefühle zu betrachten, ohne dass wir uns von ihnen vereinnahmen lassen. Das gibt uns einen klaren Kopf und ermöglicht, da ruhig und gelassen zu bleiben, wo wir für gewöhnlich in die Luft zu gehen pflegen.

Wie geht das Ganze? Im Grunde ganz einfach (und doch wieder nicht)

Wenn Du Dich in einer Situation befindest, in der Du Dich überfordert, gestresst oder aufgeregt fühlst, kannst Du einfache Defusions-Techniken anwenden, um Dich zu beruhigen und zu entspannen. Die Grundlage-Technik ist, Dir Folgendes bewusst zu machen: „Mein Verstand / mein Denken sagt mir gerade, dass..."

Pikantes Beispiel: In Dir macht sich der Gedanke breit, dass Deine Partnerin / Dein Partner Dich betrügen würde. Ich habe derartige Gedanken oft wegschieben wollen. Das Problem: Es ist nachgewiesen, dass wir paradoxerweise durch den Versuch Gedanken abzulehnen oder zu ändern genau das Gegenteil bewirken.[8]

Die Defusion könnte dagegen so aussehen: „Mein Kopf will mir gerade weismachen, dass meine bessere Hälfte mir fremdgeht". Statt den Gedanken weg haben zu wollen und dagegen anzukämpfen, kannst Du Dir dadurch den Gedanken „nüchtern ansehen" – so als ob ihn eine andere Person äußern würde.

Dir kann dadurch zweierlei in aller Deutlichkeit bewusst werden: 1. Nur weil in meinem Kopf der Gedanke ist, muss das nicht zwingenderweise stimmen. 2. Du bist nicht Deine Gedanken! Mit etwas Übung verändert sich dadurch Deine komplette Perspektive – grundlegend und nachhaltig.

Dies kann Dir enorm dabei helfen, Deine Gedanken als das zu sehen, was sie wirklich sind: nur Gedanken. Sie haben keine Macht über Dich – solange Du nicht zulässt / Dich entscheidest, dass sie es tun. Es geht darum, Deine Entscheidungen zu entsprechenden Handlungen bewusst fällen zu können, statt Opfer Deiner Gedanken und daraus folgender Gefühle zu werden.

Es kann eine echte Herausforderung sein, dieses Konzept direkt im „Ernstfall" anzuwenden. Darum habe ich es wie folgt gehandhabt: Ich habe mir eine Erinnerungsapp heruntergeladen (gibt es zahlreich kostenlos für Trinkerinnerungen, Medikamenteneinnahme u.v.m.) und mir für volle 14 Tage alle zwei Stunden meiner

---

[8](Smart, et al., 1999)

Wachzeit eine Erinnerung namens „Du bist nicht Deine Gedanken" gestellt, die mir beim Blick auf's Smartphone via Popup ins Auge hüpft.

Wenn sich Dir bei diesem Gedanken gerade die Nackenhaare aufstellen, kann ich Dich beruhigen: Du musst dafür nicht viel tun. Es geht darum, zum Zeitpunkt der Erinnerung in Deinen Kopf zu gucken und Dir einen Moment bewusst zu machen, was es da denkt. Nicht bewerten. Nicht wegschieben. Nach dem Motto „Nur gucken, nicht anfassen".

- „Mein Verstand sagt mir, dass ich meine Arbeit nicht schaffe."
- „Mein Denken meint, ich habe 'nen tollen Po in dieser Hose."
- „Mein Kopf erzählt mir, ich sei nicht gut genug."
- „Meine Birne meint, ich bräuchte heute unbedingt Pizza."
- „Mein Denkapparat will mir vermitteln, ich würde mit Defusionstraining meine Zeit verschwenden."

Eine Erkenntnis wird sein, dass da wirklich pausenlos und unaufhörlich etwas in Dir denkt. Mal vermeintlich Gutes, mal augenscheinlich schlechtes. Mal unwichtiges und mal angeblich brisantes. Und Du wirst schon nach kurzer Zeit einen gesunden Abstand zu diesen zahllosen Aussagen erlangen – und genau da wollen wir hin. Wenn Du das lang genug machst, wird sich Deine Einstellung gegenüber Deinen Gedanken und Gefühlen für Dich lohnend entwickeln.

„Mein Verstand sagt mir...", ist zwar der Klassiker bei der Defusion, jedoch bei Weitem nicht die einzige Möglichkeit, Distanz zu seinen Gedanken zu erhalten.

Für therapeutisch erprobte Defusionstechniken und tiefer gehende Informationen zu ACT kann ich Dir diese Literatur empfehlen:

- *„Therapie-Tools Akzeptanz- und Commitmenttherapie" von Matthias Wengenroth*
- *„Akzeptanz- und Commitmenttherapie" von Russ Harris*

Hier noch einige Defusionstechniken von mir.

- Stelle Dir vor, Deine Gedanken seien ein Podcast, der in Deinem Kopf läuft. Der kann mal „Frust schieben zum Mittag", „Mir scheint die Sonne aus dem Po" oder „7 Gründe, warum ich nicht gut genug bin" heißen. Du kannst dann selbst entscheiden, wie viel Gehör die Sendung verdient hat.

- Tu so, als würden Deine Gedanken von einem eifrigen Stadionsprecher kommentiert á la „In der zweiten Tageshälfte dreht sich wieder mal alles um Minderwertigkeitskomplexe" oder „Da sind sie wieder, meine aktuellen Topgedanken".

- Stell Dir Deine Gedanken wie Wolken vor, die an Dir vorüberziehen, welche die Sonne (Dei ne Gelassenheit) verdecken. Alle Gedanken und Gefühle verfliegen irgendwann. Völlig egal, wie wolkig es gerade sein mag – die Sonne ist niemals „weg".

- Bei schwierigen Gedanken kannst Du Dir vor stellen, dass ein sehr enger Freund diese Dinge über sich und sein Leben sagt. Als echter Freund legst Du Deinem verängstigten / wütenden / traurigen / unsicherem Gegenüber einen Arm auf die Schulter und leistest Beistand, bis es vorüber ist.

- Stelle Dir Dein Denken vor wie einen Wetter bericht, der Deine aktuellen Gedanken kom mentiert. „Nachdem es heute Morgen noch bewölkt ausgesehen hatte, sind die Aussichten richtung Wochenende sehr heiter."

Probiere einfach aus, womit Du Dich wohl fühlst. Vielleicht hast Du auch selbst Ideen, die Dir dabei helfen, eine gesunde Distanz zu Deinem Denken zu erlangen.

3 Minuten gegen Grübeln – Mein Mantra.

Wenn Du ständig an Deine Arbeit denkst, bekommst Du dann eigentlich Überstunden? Vermutlich nicht. Grund genug, es zu lassen. So verhält es sich im Grunde mit allen Gedankenspiralen.

Phase 1:
Wenn Dich mal wieder negative, destruktive Gedanken belasten und schier nicht aufhören, sich zu wiederholen, kann ein in Endlosschleife bewusst gedachter, ganz persönlich & positiv Formulierter „Wunschsatz" über Dich helfen.

Zur Formulierung: Die Ich-Form gelangt nachweislich am besten ins Unterbewusstsein. Dieser Satz kann mit Deinen Best of Grübeleien zusammenhängen, muss er aber nicht. Er kann sich auch auf Eigenschaften oder materielle Wünsche beziehen, die Du gerne hättest. Der Satz sollte außerdem nicht zu lang sein.

Wenn Du als Beispiel Probleme mit Deinem Aussehen hast und Dich permanent gedanklich selbst verurteilst, könnte dieser lauten: „Ich bin schön, so wie ich bin".

Andere Beispiele könnten lauten „Ich bin in der Lage alles zu erreichen." oder „Ich gestalte mein Leben nach meinen Vorstellungen".

Den gewählten Satz wiederholst Du nun **mindestens eine volle Minute** lang laut (wenn die Umstände es nicht zulassen gedanklich) und denkst dabei intensiv an jedes Wort des Satzes. Stelle Dir den Satz bildlich vor. Wort für Wort. Welche Farbe haben die Worte? Welche Schrift?

Auch wenn dieser Satz gerade noch Deinen Überzeugungen widersprechen sollte, kann dies dabei helfen, Deinem Gehirn Impulse zu geben, die den Störgedanken entschärfen.

Phase 2:
Jetzt wird's spannend. Um das Ganze fürs Unterbewusstsein deutlich effektiver zu gestalten, geht es in den nächsten 2 Minuten darum, den Wunschsatz so intensiv wie irgendwie möglich zu fühlen. Und das geht auch, wenn man es (noch) nicht glaubt, versprochen.

Stell Dir so Facettenreich wie möglich vor, Du hättest dieses Ziel bereits erreicht. Stell Dir Dich dazu in einer entsprechenden Situation vor. Wenn sich Dein Wunsch auf Deine Charaktereigenschaften bezieht, stelle Dir vor, bereits so zu sein. Mit jeder Faser Deines seins. Je detaillierter, desto besser.

Wie fühlt es sich an? Fühlst Du Dich leicht? Stolz? Stark?

Verbindest Du bestimmte Geräusche, Gerüche oder Orte damit? Wo siehst Du Dich?

Mit geschlossenen Augen kann es Dir leichter fallen, Dich gefühlsmäßig darauf einzulassen.

Phase 3:
Lehne Dich zurück und genieße die Früchte Deiner Arbeit. Nicht nur das Gegrübel hat sich verbessert. Es mag spirituell angehaucht wirken, doch es ist längst bewiesen: Durch die Dinge, die wir denken und fühlen, erschaffen wir unsere Realität – unabhängig vom Wahrheitsgehalt.[9]

---

[9](Benoit, et al., 2019, 10. Jg.)

Wir verwirklichen Wünsche nicht dadurch, dass wir etwas wollen, sondern dadurch, das wir uns auf sie konzentrieren.

Jeder trägt maßgeblich dazu bei, sein Wunsch-ich zum echten ich bzw. seine Träume zur Wirklichkeit zu machen. Noch skeptisch? Rhetorische Frage:

Wer denkst Du, hat bessere Chancen auf eine erfüllte Beziehung, Zufriedenheit im Job oder materiellen Wohlstand – die Person, die in allem Gefahren und Probleme erblickt, weil ihr Gehirn darauf gepolt ist oder die Person, die allem voran ihre Wünsche im Blick und den Fokus auf Chancen hat?

Aktives Schwarzsehen für inneren Frieden

Ich bitte Dich, in die Eigenverantwortung zu gehen und Dich zu fragen, ob Du dieser Technik etwas abgewinnen kannst. Je nach Typus könnte diese Vorgehensweise negative Stimmungen verstärken, während sie anderen gute Dienste erweist.

Viele von uns neigen dazu, sich Sorgen über Dinge zu machen, die schiefgehen könnten, auch wenn die nüchtern betrachtete Wahrscheinlichkeit, dass sie tatsächlich passieren, lächerlich gering ist. Das kann störend und stressig sein und uns daran hindern, den gegenwärtigen Moment zu genießen. Eine Möglichkeit, mit diesen Sorgen umzugehen, ist, sich das Worst-Case-Szenario in all seinen Facetten vorzustellen -

und sich dann damit abzufinden.

Bevor Du mich nun für irre erklärst, hör mir zu.

Wenn wir uns unseren Ängsten gedanklich stellen und akzeptieren, dass das Schlimmste eintreten könnte, gewinnen wir oft eine neue Perspektive und können so erkennen, dass vielleicht nicht so viel auf dem Spiel steht, wie wir dachten. Außerdem kann uns diese Übung dabei helfen, einen Aktionsplan für den Umgang mit dem Problem zu entwickeln, sollte es denn tatsächlich eintreten.

Statt der Gedankenspirale zu erliegen kannst Du auf diese Weise im besten Fall Frieden mit Themen schließen und dabei konstruktive Lösungen für Dich entdecken.

Und falls Deine Gedanken mit dem Thema Tod zu tun haben, möchte ich Dir ein Zitat mit an die Hand geben, welches aus dem zweiten Jahrhundert stammt, doch wie ich finde auch heute noch brandaktuell ist:

> *Nicht den Tod sollte man fürchten,*
> *sondern dass man nie beginnen wird, zu leben.*
> ◊
> **Marcus Aurelius**

Die Checkliste für Probleme, Ängste und Sorgen

Wieder mal spuken allerlei unschöne Gedanken im Kopf herum, Du sorgst Dich, hast Ängste oder Du grübelst über vermeintliche Probleme? Dann kann Dir diese schnelle Vorgehensweise helfen, der Sache ein wenig auf den Grund zu gehen und bestenfalls für Ruhe im Oberstübchen zu sorgen.

(So ähnlich wurden Probleme schon von vielen Menschen / in zahllosen Ratgebern betrachtet – doch da ich die Methode so effektiv wie simpel finde, hat sie sich ihren Platz hier verdient.)
Hinweis: Schriftlich ist die ganze Sache wirksamer. Zettel und Stift (oder ein Memo am Handy) hat man immer parat.

1. Hast Du ein greifbares Problem?

- O Ja → Weiter zu Frage 2.
- O Nein → Dann gibt es keinen Grund, sich zu gedanklich daran aufzuhängen.

2. Kannst Du etwas daran ändern?

- O Ja → Dann tu das. Worauf wartest Du?
- O Nein → Dann gibt es keinen Grund, sich zu gedanklich daran aufzuhängen.

Betrachte das Resultat und halte Dir die Metapher mit dem Gefühlsregen vor Augen: Wenn Dinge sich nicht ändern lassen, gibt es keinen Grund, nicht gelassen zu bleiben. Es liegt einfach nicht bei Dir. Und wenn sich etwas ändern lässt und Du mit dem Status quo nicht zufrieden bist: Auf geht's. Aktiv werden lohnt sich, da Dich die Thematik sonst nur unnötig mental beschäftigt hält – und das kostet Unmengen Deiner Energie, die Du auch in Lösungen investieren kannst.

Eine ungewöhnliche Übung gegen Stress: Spiel einfach mal Alien.

Du fühlst Dich gestresst oder hast Probleme, den Überblick zu behalten? Da muss eine entschleunigende Übung her. Diese hier mag etwas abgedreht erscheinen, doch ich finde sie recht praktikabel.

Nimm Dir einen völlig banalen Gegenstand. Das kann ein Stift sein, ein Kissen, eine Tasse oder was auch immer Dir gerade in die Hände fällt. Dann mache Dich daran, diesen Gegenstand zu untersuchen, als wäre er etwas, was / wovon Du noch nie gehört geschweige denn gesehen hast.

- Wie fühlt sich der Gegenstand an?
- Wie ist seine Oberfläche beschaffen?
- Kannst Du Dich darin spiegeln?
- Kann Licht hindurchscheinen?
- Wie schwer ist er?
- Wie liegt er in der Hand?

- Wonach riecht der Gegenstand?
- Kannst Du Dir vorstellen, wie der Gegenstand schmecken würde, wenn Du ihn mit der Zunge berührst (nicht bei allen Gegenständen rat sam)?
- Wozu könnte man diesen Gegenstand noch verwenden? Sei kreativ.

Nimm Dir Zeit für jeden dieser (und gerne weiterer) Gedanken.

Durch diese zugegebenermaßen witzige Übung schlägst Du gleich mehrere Fliegen mit einer Klappe: Einerseits sorgt bereits der Fokus auf diesen einen Gegenstand für eine gewisse Entspannung. Doch viel wichtiger noch erscheint mir die Möglichkeit, seine Wahrnehmung und seine Problemlösungs-Kompetenz zu schulen. Denn Du übst eine Sache zu analysieren – ohne jegliche Wertung.

Je öfter Du dies übst, desto leichter kann es Dir fallen, auch im echten Leben Gegebenheiten und gar Probleme zu analysieren, ohne emotional darin verstrickt oder gestresst zu reagieren.

**Meditation
Gelassenheit**

**Affirmation
Gelassenheit**

Ich hoffe, Du konntest diesen Übungen etwas abgewinnen. Im Audioteil findest Du sowohl weitere Anregungen zu mehr Gelassenheit in Form gesprochener Affirmationen in der Ich-Form sowie eine Meditation für mehr Gelassenheit. Um sie abzurufen/ herunterzuladen, scanne einfach den QR-Code.
Ich wünsche Dir viel Freude damit.

(RICHTIGE) Ziele setzen:

Lebe planvoll statt kopflos

Im Alltagstrubel kann es leicht passieren, dass wir von einer Aufgabe zur nächsten hetzen und dabei zeitweise den Überblick verlieren. Ohne klare Ziele vor Augen laufen wir Gefahr, uns im Kreis zu drehen und unsere Zeit und Energie für Dinge zu verschwenden, die uns nicht weiterbringen.

Das Setzen von Zielen ist daher von größter Bedeutung, da es uns hilft, unsere Prioritäten zu setzen und zu ordnen, sodass wir unsere wertvollen Ressourcen effektiv nutzen können. Klare Ziele geben uns die Richtung vor und motivieren uns weiterzumachen, gerade auch, wenn die Dinge einmal schwierig werden. Es folgen die aus meiner Perspektive stärksten Techniken.

Sei nicht nur clever, sondern SMART.

Eine gelungene Zielformulierung sollte bestimmte Kriterien erfüllen. Bewährt hat sich die sogenannte „smarte" Zielformulierung. Die vom Unternehmer George T. Doran entwickelte SMART-Methode hat sich untertrieben gesagt etabliert (seit 1981) und wird zu verschiedensten Themen in der Zielformulierung angewendet.

S.M.A.R.T. steht für:

- S: Specific (Spezifisch)
- M: Measurable (Messbar)
- A: Achievable (Erreichbar)
- R: Relevant (Relevant)
- T: Time-bound (Terminiert / zeitlich begrenzt)

Diese fünf Kriterien können Dir helfen, Deine Ziele klar und realistisch zu formulieren, damit Du sie erfolgreich verfolgen und schließlich erreichen kannst. Das war Dir zu kryptisch? Dann hier ein kleines Beispiel aus dem Bereich der Persönlichkeitsentwicklung zur Veranschaulichung.

Stell Dir vor, Du würdest gerne selbstbewusster werden. Ein mögliches Ziel, das Du mit der SMART-Methode formulieren könntest, wäre: "Bis zum Ende des Monats spreche ich jeden Tag mindestens einmal laut und deutlich in einer Gruppe von Fremden."

Dieses Ziel ist spezifisch, da es genau definiert, was Du tun möchtest. Es ist messbar, da Du durch das tägliche Sprechen in einer Gruppe von Fremden Deinen Fortschritt tracken kannst. Es ist erreichbar, da es realistisch ist und Du die notwendigen Schritte unternehmen kannst, um es zu erreichen (außer Du lebst gerade in einer verlassenen Gegend in einer Berghütte). Außerdem ist es relevant, da es im Einklang mit Deinem Wunsch und Deinen Werten steht. Und es ist zeitlich begrenzt, da es ein konkretes Enddatum hat.

Hier noch eine exemplarische Anwendung aus dem Bereich des Sports: Stell Dir vor, Du wärst ein ambitionierter Läufer und möchtest Deine Leistung verbessern. Ein Ziel, das Du Dir mit der SMART-Methode setzen könntest, wäre zum Beispiel: "Ich werde innerhalb von drei Monaten meine persönliche Bestzeit im Halbmarathon um zwei Minuten verbessern."

Dieses Ziel ist spezifisch, da es konkret angibt, um wie viel Du Deine Leistung verbessern möchtest. Es ist messbar, da Du Deine Bestzeit im Halbmarathon genau kennst und nachvollziehen kannst, ob Du sie verbessert hast oder nicht. Die Erreichbarkeit ist gegeben, da Du innerhalb von drei Monaten realistisch betrachtet genug Zeit hast, um die notwendigen Trainingseinheiten zu absolvieren und die zwei Minuten Verbesserung zu erzielen. Es ist relevant, da Dir das Thema wichtig ist und es ist zeitgebunden, da es einen konkreten Zeitraum von drei Monaten vorgibt.

Das Läufer-Beispiel eignet sich gut, um noch auf etwas hinzuweisen: Realistisch sollte ein Ziel in beide Richtungen sein. Es sollte weder eine massive Überforderung darstellen, noch „zu mühelos" erreichbar sein, wenn Du die maximale Motivation aus einem Ziel erhalten willst.

3 Schritte zum richtigen Mindset.

Nun, wo Du ein Smartie bist, möchte ich Dir noch eine einfache wie geniale Möglichkeit an die Hand geben, Deine Einstellung auf Erfolg zu trimmen. Damit gehen notwendige Schritte leichter von der Hand (oder dem Fuß) und Du bist eher geneigt am Ball zu bleiben. Du gibst Deinen Zielen im Grunde die Extra-Prise Motivation:

Die Klarheit darüber, was Du willst
Im ersten Schritt ist es wichtig, sich Zeit zu nehmen. Zeit, um herauszufinden, was einem im Kern wirklich

wichtig ist. Oft sind uns unsere Werte und Prioritäten nicht sofort bewusst und wir handeln Alltags-blind nach gewohnten Handlungsmustern. Grund genug, um darüber nachzudenken und sich selbst besser kennenzulernen. Dies kann durch meditative Übungen, führen eines Gedanken-Tagebuchs oder Gespräche mit engen Vertrauten oder im therapeutischen Rahmen erfolgen.

Die Formulierung, als wäre es bereits erreicht
Es klingt vielleicht etwas merkwürdig, Zielformulierungen so zu formulieren, als seien sie bereits erreicht. Ich sage, leb' damit, es lohnt sich: Denn tatsächlich kann dies eine sehr wirkungsvolle Methode sein, um uns unsere Ziele besser vor Augen zu führen und sie tatsächlich zu erreichen. Das Unterbewusstsein spielt dabei eine wichtige Rolle. Denn es beeinflusst viele unserer Entscheidungen und Handlungen, auch wenn wir uns dessen nicht bewusst sind. Ein Beispiel: Statt zu sagen "Ich möchte abnehmen", könnten wir sagen "Ich habe mein Wunschgewicht erreicht und fühle mich wohl in meinem Körper". Diese Formulierung sendet eine positive Botschaft an unser Unterbewusstsein – und das hat nachweislich Einfluss auf unser Handeln . Wenn wir unsere Ziele also immer so formulieren, als seien sie bereits erreicht, kann das Unterbewusstsein uns Rückenwind geben.

Bleibe dran – befasse Dich wieder und wieder gedanklich und vor allem emotional damit!
Dies gelingt durch regelmäßige Visualisierungen und die Überlegung, wie man seine Ziele erreichen kann (hier kommt wieder SMART ins Spiel). Es ist wichtig, sich bewusst zu machen, wie man sich fühlen wird,

wenn man sein Ziel erreicht hat. Mit ausreichender Übung wirst Du Dich tatsächlich so fühlen, als wärst Du „schon da". Emotionen haben einen immensen Einfluss auf unser Unterbewusstsein und geben uns den notwendigen Fokus.

Um die Motivation noch weiter zu erhöhen, kannst Du Dir kleine Meilensteine setzen: Für jeden erreichten Meilenstein beschenkst Du Dich mit einer im Vorfeld definierten, attraktiven Belohnung. Es ist wichtig, nicht von Rückschlägen entmutigen zu lassen und konsequent am Ball zu bleiben. Durch regelmäßige Arbeit und die Fokussierung auf das Ziel kann man seine Ziele schließlich erreichen.

Es ist wichtig zu verstehen, dass selbst die beste Art der Zielformulierung keineswegs bedeutet, dass wir uns nicht mehr anstrengen müssen, um unsere Ziele zu erreichen. Doch als folgenschwere, mentale Unterstützung dienen sie allemal.

Und nun, zum krönenden Abschluss, noch eine letzte Bemerkung: Schriftlich formuliertes hat einfach mehr Bestand. Ja, ich weiß, das ist vielleicht nicht das, was Du hören wolltest, aber hey – ich bin nur die Stimme der Vernunft hier!

Persönlichkeitsentwicklung

Was willst Du denn werden?
Du bist doch schon.

Du bist kein Totalschaden.
Wenn es um Persönlichkeitsentwicklung geht, gibt es eine schier unüberschaubare, endlose Liste an Ansätzen. Viele davon haben eine ungünstige Sache gemeinsam: Sie erschaffen Mangelbewusstsein. Denn die Basis, also die Kernaussage zahlreicher Entwicklungskonzepte, teilt Dir manchmal verblümt, manchmal per Vorschlaghammer mit, dass Du nicht so in Ordnung seist, wie Du bist. Dieses Kapitel ist dazu gedacht, das Konzept der Persönlichkeitsentwicklung aus einer anderen Perspektive zu betrachten.

Es wird vergleichsweise kurz, da es im Grunde nur eine simple (aber wichtige) Botschaft vermitteln will: Du bist weder kaputt noch schlecht oder unvollkommen. Du bringst zum heutigen Zeitpunkt bereits alles mit, was es braucht.

Es sollte beim Thema Persönlichkeitsentwicklung vielmehr darum gehen, seine Wahrnehmung (auf Dich und Deine Umwelt) zu schulen, Prioritäten zu setzen und Bewusstheit zu erlangen.

So viele Blumentöpfe – so wenig Erde: Prioritäten setzen in der Persönlichkeitsentwicklung
Man muss die Balance finden. Man kann sich seine Energie, mit der man sein Leben bestreitet, vorstellen, wie einen kleinen Berg fruchtbare Erde, mit denen man seine verschiedenen Blumentöpfe befüllen kann.

Beim einen mag der Berg etwas größer sein, beim anderen etwas kleiner. Manch einer schafft es sogar, durch ausgeklügelte Vorgehensweisen seinen Haufen zu vergrößern. Doch in jedem Fall ist der Berg eines: endlich.

Nun ist es im Leben meist so, dass wir uns nicht mit einem einzigen Blumentopf zufriedengeben möchten. Dementsprechend muss das Erdhäufchen clever verteilt werden. Doch da stehen so viele zu bepflanzende Behälter...
Auf diesem hier steht „Beziehung". Hier steht „Mutter / Vater des Jahres". Da drüben stehen „Karriere" und „Fitness" gleich neben „Gesundheit und Wohlbefinden". Und auch „Ich-Zeit" wartet darauf, von Dir befüllt zu werden.

Niemand kann Energie für alles haben. Wirklich niemand. Ganz egal, was die Story auf Instagram Dir erzählen möchte. Es wäre unmenschlich und wider die Natur.

Welche Gewichtung ist Dir wirklich wichtig? Geh in Dich und entdecke Deine Werte. Bedenke immer, dass Du nicht genügend Erde hast, um all Deine Blumentöpfe komplett zu befüllen.

Aber manchmal erscheinen uns bestimmte Blumentöpfe vielleicht nur so wichtig, weil wir tief im Inneren ein Defizit in Sachen Selbstliebe haben. Statt uns selbst zu akzeptieren und „nur" unser Bestes zu geben, suchen wir ständig nach Möglichkeiten, uns zu verbessern. Ein Beispiel dafür ist der Mensch, der jeden Tag ins Fitnessstudio geht, um die perfekte Figur zu erreichen. Vielleicht liegt das Problem aber gar nicht in den überschüssigen Pfunden, sondern in der mangelnden Akzeptanz des eigenen Körpers. Statt sich selbst zu lieben und gut zu behandeln, suchen wir immer wieder nach Möglichkeiten, uns zu verbessern – als ob wir irgendwie „unvollständig" wären, wenn wir uns nicht ständig verändern. Versteh' das Beispiel bitte nicht falsch: Sport ist klasse und ausreichend Bewegung essenziell für ein gesundes, erfülltes Dasein – doch das ist etwas völlig anderes als der häufig zu beobachtende Optimierungswahn.

Es ist wichtig, sich daran zu erinnern, dass wir bereits in Ordnung sind, so wie wir sind. Natürlich gibt es immer Raum für Verbesserungen und Wachstum, aber wir müssen lernen, uns selbst zu lieben und anzunehmen, bevor wir wirklich wachsen und uns entwickeln können.

Arbeitsteil
Persönlichkeitsentwicklung

Das Begraben der Selbstverurteilung in vier Schritten.

Selbstverurteilung ist ein häufiges Problem, das viele Menschen betrifft und das sie daran hindern kann, das Beste aus ihrem Leben zu machen. In dieser Übung werden wir uns mit vier Schritten beschäftigen, die uns dabei helfen können, unsere Selbstverurteilung zu begraben und uns besser anzunehmen. Diese Schritte umfassen Klarheit darüber, woher unsere Selbstverurteilung stammt, die Annahme unserer Fehler, ohne uns abzuwerten, die Bereitschaft, uns zu verändern und die Disziplin, unseren inneren Dialog umzustellen und unsere oft unbewusst selbst gesetzten Grenzen zu überwinden. Diese Übung kann dazu beitragen, Dich selbst besser zu unterstützen und Selbstverurteilungen zu überwinden – damit Du wirklich Dein volles Potenzial entfalten kannst!

Wie das geht? Hier der Überblick.

1. Klarheit erlangen.
Das Bewusstsein, dass das, was wir über uns glauben, nicht von uns selbst stammt.

2. Annahme Deiner Person.
Sich selbst zu verurteilen bringt Dich wieder dorthin zurück, dass Du Dich schlechtmachst. Du musst annehmen, dass Du bislang nicht fair zu Dir selbst warst, ohne Dich abzuwerten.

3. Änderungsbereitschaft ist gefragt.
Hast Du WIRKLICH den Willen, es fortan besser zu machen?

4. Disziplin sorgt für Fortschritt.
Das Bewusstsein, dass es harte Arbeit ist, seinen inneren Dialog umzustellen und vor allem die Bereitschaft, Dich am Riemen zu reißen. Sei Dir selbst ein beinah lächerlich optimistischer Freund, der immer für Dich da ist und Dich herausfordert, Deine eigens gesetzten Limits zu überwinden!

Das war Dir zu knapp? Dann hier ein wenig praxisnäher.

Nimm Dir regelmäßig Zeit, um über Deine Gedanken und Gefühle nachzudenken. Also so richtig bewusst. Was denkt es da oben? Und gibt es eigentlich Sinn? Du kannst dazu ein Tagebuch führen oder einfach bewusst innehalten und Dir Fragen wie "Woher kommt dieser Gedanke über mich?" und "Ist dieser Gedanke wirklich wahr?" stellen. Wenn Du erst einmal praktisch bemerkst, dass man nicht alles im Kopfradio ernst nehmen sollte, kann sich Deine komplette Weltanschauung ändern – bei mir war es jedenfalls so.

Erinnere Dich regelmäßig daran, dass Fehler und Schwächen ein normaler Teil des Lebens sind und dass es okay ist, nicht perfekt zu sein. Du kannst Dir etwa eine Erinnerung in Dein Handy speichern, die Dir auf liebevolle Art mitteilt, dass es an Wahnsinn grenzt, perfekt sein zu wollen. Du bist schwer in Ordnung!

Erkenne, wo Du bislang tatsächlich nicht so lebst, wie Du es gerne würdest oder wo Du auch nüchtern betrachtet gerne selbst anders wärst. Entscheide Dich dann bewusst dazu, in Hinblick auf dieses bestimmte Thema „an Dir zu arbeiten" oder „Dich zu verändern" (Warum die Anführungszeichen? Weil es nur um Denkmuster und daraus folgende Verhaltensweisen geht – nicht um eine Änderung Deiner Person. Schon wieder vergessen? Fehler hin oder her – Du bist klasse!). Dies kann beispielsweise durch das Erlernen neuer Fähigkeiten, das Ausprobieren von neuen Hobbys oder das Befassen mit persönlichem Wachstum geschehen.

Beginne endlich darauf zu achten, wie Du mit Dir selbst sprichst. Die Tage des rüpelhaften Umgangs mit Dir selbst sind nun gezählt! Wenn Du merkst, dass Du in negative Gedankenmuster verfällst, kannst Du versuchen, diese Gedanken bewusst zu unterbrechen und Dir selbst freundlichere und unterstützendere Gedanken zu sagen. Du kannst auch versuchen, bewusst positive Affirmationen zu wiederholen, wie "Ich bin wichtig und ich verdiene es, freundlich zu mir selbst zu sein". Im Audioteil findest Du hierzu weitere Möglichkeiten – ich vermute, für jeden funktionieren andere gut, also probiere Dich einfach daran.

Es ist besonders wichtig, dass Du Dir selbst genug Zeit und Geduld gibst, um diese Übungen in Deinen Alltag zu integrieren. Vergiss nicht, dass Selbstverurteilung oft tief verwurzelte Gedanken- und Verhaltensmuster betrifft und es daher Zeit braucht, um diese zu verändern oder gar zu verwerfen. Sei daher nicht zu hart zu Dir selbst, wenn Du Rückschläge erlebst, sondern sei geduldig und fordere Dich selbst heraus, aber auf eine unterstützende Weise.

Mach Dir bewusst: Rückschläge kann man nur erleben, wenn man sich vorwärts bewegt. Du bist also auf dem richtigen Weg.

Lebe Deine Werte

Wenn es darum geht, unsere begrenzte Energie sinnvoll einzusetzen und unsere eingangs erwähnten Blumentöpfe zu befüllen, ist es von größter Bedeutung, ein echtes und aktives Bewusstsein dafür zu entwickeln, welche Werte uns etwas bedeuten. Denn wenn wir uns nicht bewusst machen, was uns wichtig ist, laufen wir Gefahr, unsere Energie in Bereiche zu investieren, die uns letzten Endes kaum Erfüllung bescheren.

Grund genug, um über unsere Werte nachzudenken und uns ihrer wirklich bewusst zu werden. Dann können wir unsere Energie und unsere Aufmerksamkeit auf die Dinge richten, die wirklich zählen, anstatt uns in Oberflächlichkeiten zu verzetteln oder uns von äußeren (etwa familiären oder gesellschaftlichen) Erwartungen leiten zu lassen. So können wir unsere Blumentöpfe nicht nur befüllen, sondern sie auch mit den richtigen Pflanzen bestücken, die unserem Leben Bedeutung und Erfüllung verleihen.

Gegen seine Werte zu leben, verhindert effektiv glücklich zu sein oder es je zu werden. Und Du hast es verdient, glücklich zu sein. Doch wie findet man seine Werte? Und wie unterscheidet man sie von Dingen, die man „nur gut findet"? Die folgende Übung soll Dir dabei helfen, die sprichwörtliche Spreu vom Weizen zu trennen.

Die wohl deutscheste Art, seine Werte zu entdecken.

Als bekennender Listen- & Tabellenfreund kann ich meine Herkunft kaum leugnen. Diese kleine Übung ist im Grunde eine Mischung aus beidem.

Schreibe im ersten Schritt eine Liste mit 8–10 Dir am wichtigsten erscheinenden Werten auf, die für Dich infrage kommen könnten. Hör auf Dein Bauchgefühl. Trage die Resultate in die linke Spalte „Wertkandidat" ein.

Hier mögliche (An-)Werte(r), die Dir als Stütze dienen können:

Glück | Freiheit | Familie | Respekt | Vertrauen | Ruhm
Ehrlichkeit | Gerechtigkeit | Verantwortung | Wissen
Liebe | Zusammengehörigkeit | Persönliche Entfaltung
Frieden | Gleichberechtigung | Toleranz | Nächstenliebe | Barmherzigkeit | Hilfsbereitschaft | Großzügigkeit
Kreativität | Einfachheit | Schönheit | Macht | Prestige
Reichtum | Status | Sicherheit | Spaß | Selbstvertrauen
Gesundheit | Wohlbefinden | Entspannung | Erholung
Abenteuer | Freude | Erfüllung | Zufriedenheit
Erfolg | Selbstbewusstsein | Selbstverwirklichung

Wertkandidat	Priorität | 1 = Hoch / 10 = Niedrig

Wunderbar. Vergebe als Nächstes die Priorität (1 höchste, 10 niedrigste). Der Clue: Du darfst jede Priorität nur einmal vergeben.

Profi-Tipp: Benutze einen Bleistift – denkbar, dass Du Deine Meinung währenddessen mehrfach änderst.

Wenn Du alle Wertkandidaten priorisiert hast, bitte ich Dich, die Kandidaten mit der Prio 1–5 genauer zu betrachten. Trage hierzu die fünf wichtigsten in folgende Tabelle ein. Betrachte sie und frage Dich bei jedem einzelnen Punkt, warum dieser Werte für Dich wichtig ist. Notiere Dir Deine Überlegungen stichpunktartig im Feld Begründung.

Priorität	Wert	Begründung
#1		
#2		
#3		
#4		
#5		

Klasse! Reflektiere im letzten Schritt über Deine Werte und überlege Dir, wie Du sie in Deinem Leben umsetzen kannst. Was kannst Du explizit tun, um Deinen wichtigsten Werten mehr Raum zu geben? Welche Entscheidungen musst Du treffen, um Deinen Werten treu zu bleiben? Die finalen Resultate kannst Du in der folgenden Tabelle festhalten.

Priorität	Wert	Handlungen für mehr Wert in meinem Leben
#1		
#2		
#3		
#4		
#5		

Mach Dir doch ein Foto davon. Und wenn Du im Dich im Alltagstrubel einmal fragst „Wozu das alles?", sieh Dir dieses Foto an. „Dazu!"

Es ist wichtig, dass Du flexibel bleibst und bereit bist, Deine Werte im Laufe der Zeit anzupassen, wenn sich Deine Prioritäten ändern. Es ist völlig natürlich, dass sich Werte über die Jahre hinweg ändern.

Gedanken-Wirrwarr? Schreib einfach drauflos!

Dir rasen gefühlt 12.000 Gedanken in atemberaubender Geschwindigkeit durch die Rübe, Du fühlst Dich überfordert, überreizt oder ohnmächtig? Dann habe ich hier etwas für Dich. Ich garantiere Dir, dass diese Übung eine Wirkung hat – wenn Du Dich darauf einlässt und sie richtig machst.

Es geht darum, dass Du Dir 10 Minuten Zeit nimmst (wenns brennt, trotzdem 5 – weniger ist kaum effektiv) und einfach alles aufschreibst, was Dir gerade durch den Kopf geht. Das können Gedanken, Ideen, Wünsche, Ängste, Ziele oder auch alltägliche Dinge sein. Egal, was es ist, schreibe es einfach auf.

Händisch oder am PC, das ist Dir überlassen. Wichtig ist nur, dass Du es aufschreibst und nicht versuchst, es zu filtern oder zu strukturieren. Lass einfach alles raus, was da ist. Noch einmal: **alles und pausenlos.**

Auch wenn dann da 5 x steht „Was für eine kack Übung, was weiß dieser Typ schon?" – ich nehm's nicht persönlich. Du wirst sehen: In Deinem Kopf geschieht etwas.

Denn nach / in den 10 Minuten tritt sehr wahrscheinlich eines der folgenden beiden Szenarien ein.

1) Du kannst Dir das Resultat anschauen und herausfinden, welche Themen Dich gerade beschäftigen. Vielleicht stellst Du fest, dass Du Dich nach mehr Freiheit sehnst oder dass Du ein bestimmtes Ziel erreichen möchtest. Oder vielleicht merkst Du auch, dass Du gerade eine Menge offene Baustellen oder Ängste hast, die Dich belasten.

2) Dir fällt es schwer, zu denken. Da steht auffällig oft „mir fällt nichts ein" und hast Du insgesamt recht wenig zu Papier gebracht. Was das bedeutet? Na, dass Du durch den Versuch, Dein Denken zu analysieren, automatisch für Ruhe da oben gesorgt hast. Du hast quasi Schreib-Meditation betrieben.

So oder so: Diese Übung ist eine gute Möglichkeit, um den Alltagsmodus abzuschalten und herauszufinden, was in Deinem Leben gerade wichtig erscheint und wo es „zwickt". Durch das Aufschreiben kannst Du vielleicht auch schon eine erste Idee bekommen, wie Du diese Themen angehen könntest. Und wenn da insgesamt wenig steht: Vielleicht solltest Du Dir einfach gelegentlich mal eine Pause gönnen?

Außerdem bietet diese für glühende Finger sorgende Übung noch einen weiteren Mehrwert: Indem Du alles aufschreibst, was Dich beschäftigt, schaffst Du Platz im „Oberstübchen". Du machst also in gewisser Weise einen „Hirn-Reset", indem Du Deine Gedanken aus Deinem Kopf aufs Papier bringst. Das kann Dir merklich ein Gefühl von Freiheit und Leichtigkeit verschaffen.

Also, nimm Dir einfach 10 Minuten Zeit und schreib einfach drauflos. Du wirst sehen, es lohnt sich!
Viel Spaß beim Ausprobieren!

Meditation Persönlichkeitsentwicklung

Affirmation Persönlichkeitsentwicklung

Ich hoffe, Du konntest diesen Übungen aus dem Bereich der Persönlichkeitsentwicklung etwas abgewinnen. Im Audioteil findest Du weitere Anregungen in Form gesprochener Affirmationen in der Ich-Form sowie eine Meditation zum Thema Persönlichkeitsentwicklung. Um sie abzurufen/herunterzuladen, scanne einfach den QR-Code.
Ich wünsche Dir viel Freude damit.

101 Steps zu einem erfüllten Leben

Du hast es fast geschafft und bist nun an dem Punkt angekommen, an dem Du Deine neu erworbenen psychologischen Fähigkeiten endlich in die Tat umsetzen kannst. Du hast in den vorherigen Kapiteln viel über Dich selbst gelernt und bist nun bereit, Dein Leben in die Hand zu nehmen und es in die gewünschte Richtung zu lenken.

Aber keine Angst, ich bin immer noch hier, um Dir ein wenig auf die Sprünge zu helfen. Du hast Dich vielleicht schon gefragt, warum das Buch diesen Namen trägt.

Ich habe 101 simple Steps für Dich zusammengestellt, die Du in Deinen Alltag integrieren kannst, um Dein Leben nachhaltig zu verbessern. Denn sie sollen Dich dabei unterstützen, Dich regelmäßig an die wichtigen Inhalte des Buches zu erinnern und Dir zu helfen, dauerhaft von den gelernten Techniken zu profitieren.

Leg' los und werde Herr Deines Schicksals! Ich wünsche Dir viel Spaß und Erfolg bei der Umsetzung. Und denk immer daran: Was auch passiert - nimm's mit Humor, dann lebt es sich leichter.

1. *Nimm Dir Zeit, um in Ruhe und ohne Ablenkung zu sitzen oder zu liegen und Deine Atmung zu beobachten.*

2. *Konzentriere Dich auf Deine fünf Sinne und achte auf das, was Du gerade siehst, hörst, riechst, schmeckst und fühlst.*

3. *Verbringe eine bestimmte Zeit am Tag mit einer achtsamen Tätigkeit wie dem Malen, Schreiben oder Musizieren.*

4. *Nutze Pausen im Alltag, um bewusst durchzuatmen und in den Moment zu kommen.*

5. *Mache regelmäßig Entspannungsübungen wie Yoga oder progressive Muskelentspannung.*

6. *Kommuniziere Deine Gefühle und Bedürfnisse offen und ehrlich gegenüber Dir nahestehenden Menschen – verleugne für niemanden, wer Du bist und wofür Du stehst.*

7. *Mache „Es ist, ist es ist" zu Deinem persönlichen Mantra für Gegebenheiten, die Du ohnehin nicht beeinflussen kannst – es hat keinen Zweck sich emotional damit zu belasten, dass es gerade regnet oder Du Kopfschmerzen hast.*

8. Respektiere Deine Mitmenschen und schätze ihre Gefühle und Meinungen – vor allem auch dann, wenn sie in Deinen Augen Blödsinn sind. Versuche, die Perspektive Deines Gegenübers zu verstehen und zeige Empathie.

9. Sei bereit, Kompromisse einzugehen und Lösungen zu finden, die für alle akzeptabel sind.

10. Versuche, eine offene und neugierige Haltung einzunehmen, anstatt Dich in Rechthaberei zu verstricken.

11. Erkenne, dass es okay ist, wenn Du nicht immer alle Antworten hast oder nicht immer recht hast.

12. Verabschiede Dich vom Gedanken, unerwartet auftretende Situationen kontrollieren zu müssen und übe Dich in Vertrauen (in Dein Leben) und Akzeptanz (der Realität).

13. Versuche, Deine Perspektive zu erweitern und die Meinungen und Erfahrungen anderer zu respektieren, selbst wenn sie von Deiner abweichen.

14. Habe den Mut, Deine Meinung oder Deine Perspektive zu ändern, wenn Du neue Informationen oder Erfahrungen sammelst.

15. Verstehe, dass Selbstliebe keine Arroganz oder Selbstverliebtheit bedeutet, sondern gesunde Selbstachtung und Selbst-Wertschätzung.

16. Akzeptiere Deine Fehler und Schwächen und versuche, sie als Teil Deiner Persönlichkeit anzunehmen.

17. Lobe Dich selbst für Deine Erfolge und positive Eigenschaften.

18. Verbringe Zeit mit Menschen, die Dich respektieren und unterstützen.

19. Vermeide Vergleiche mit anderen Menschen und konzentriere Dich auf Deine eigene Entwicklung.

20. Identifiziere konkrete Ziele, die für Dich wichtig sind.

21. Formuliere Deine Ziele SMART (spezifisch, messbar, erreichbar, relevant, terminiert).

22. Erstelle einen Plan, um Deine Ziele zu erreichen.

23. Setze kleine Meilensteine und belohne Dich, wenn Du diese erreichst.

24. *Nutze positive Affirmationen, um Deine Motivation und Dein Selbstbewusstsein zu stärken.*

25. *Höre Deinem Gegenüber auch in Dialogen aufmerksam zu (statt nur darauf zu warten, selbst dran zu sein mit reden). Nur so kann man den Standpunkt des anderen wirklich verstehen.*

26. *Zeige Geduld und Verständnis, wenn Freunde, Partner oder Familie zeitweise nicht „funktionieren". Sei für sie da, um ihnen über Schwierigkeiten hinwegzuhelfen und drücke mal ein Auge zu, wenn sie sich vermeintlich unfair Dir gegenüber verhalten.*

27. *Unterstütze Dir Nahestehende, wenn sie Unterstützung brauchen – doch zwinge ihnen die Unterstützung nicht auf (selbst wenn Du glaubst, etwas besser zu wissen).*

28. *Verbringe regelmäßig (bewusst) Zeit mit Dir wichtigen Menschen. Plane gemeinsame Aktivitäten, die Eure Beziehung festigen.*

29. *Zeige Dir nahestehenden Personen, wie dankbar Du für sie bist. Auch wenn Dir Deine Dankbarkeit bewusst sein sollte, ist ihnen das nicht unbedingt bewusst.*

30. *Erkenne Deine Werte und baue sie in Dein Leben ein.*

31. *Erkenne, dass Du kein Totalschaden bist und Du bereits alles in Dir hast, um Dich so zu entwickeln, wie Du es Dir wünschst.*

32. *Setze Prioritäten und entscheide, wofür Du Deine Energie einsetzen möchtest.*

33. *Entdecke Deine inneren Baustellen und arbeite daran, sie voller Selbstliebe und Selbstakzeptanz anzunehmen. Das bedeutet nicht, dass sie für immer bestehen bleiben müssen.*

34. *Erlerne die Fähigkeit, Deine Emotionen zu regulieren (im Sinne von: sie liebevoll anzunehmen, ohne von ihnen beherrscht zu werden).*

35. *Kultiviere eine positive Einstellung und Haltung gegenüber Dir selbst und Deinem Leben.*

36. *Stelle das Handy und andere elektronische Geräte bewusst ab und nutze die Zeit, um Dich mit Deinen Gedanken und Gefühlen auseinanderzusetzen.*

37. *Nutze Verbindungen zur Natur, um Dich zu beruhigen und zu entspannen, z. B. durch Spazierengehen oder Gartenarbeit.*

38. Höre bewusst Musik, die Dich beruhigt und entspannt.

39. Versuche, in schwierigen Situationen bewusst innezuhalten und Deine Gedanken und Gefühle wahrzunehmen, anstatt direkt zu reagieren.

40. Lass los von negativen Gedankenmustern und übe Dich in positiver Denkweise.

41. Erkenne, dass Du nicht perfekt bist und lerne, Dich selbst so zu akzeptieren, wie Du bist.

42. Nutze Atemübungen oder Meditation, um Deine geistige Klarheit und Flexibilität zu fördern.

43. Erkenne, dass es okay ist, Hilfe von anderen anzunehmen und suche professionelle Unterstützung, wenn es nötig ist.

44. Ermutige Dich selbst und andere dazu, der Kreativität freien Lauf zu lassen!

45. Sprich mit einer Vertrauensperson über Deine Gedanken und Gefühle. Auch über die „schlimmen".

46. Erkenne, dass Du wichtig und wertvoll bist, unabhängig von Deinen Leistungen oder Erfolgen.

47. *Vermeide es, Dich selbst unter Druck zu setzen, um anderen Menschen zu gefallen.*

48. *Verbringe Zeit mit Menschen, die Dich so akzeptieren, wie Du bist.*

49. *Sei verständnisvoll gegenüber Veränderungen und Herausforderungen, die im Laufe der Zeit auftreten können.*

50. *Setze klare Erwartungen und kommuniziere diese, um Missverständnisse zu vermeiden.*

51. *Lerne, wie man Konflikte löst, indem man konstruktiv kommuniziert und Lösungen sucht.*

52. *Versuche, in jedem Moment im Hier und Jetzt zu sein und Dich nicht in der Vergangenheit oder Zukunft zu verlieren.*

53. *Vermeide es, Dich selbst zu verleugnen und sei ehrlich zu Dir selbst über Deine Gedanken und Gefühle.*

54. *Lerne, »Nein« zu sagen, wenn Du Dich von anderen Menschen oder Verpflichtungen überfordert fühlst.*

55. Mache Dir bewusst, dass es in Ordnung ist, Dir selbst Zeit und Raum zu geben, um Dich zu erholen und Dich selbst zu pflegen.

56. Es ist keineswegs eine Schande, professionelle Hilfe zu suchen. Im Gegenteil: Es ist ein Zeichen von Intelligenz, Stärke und Mut, Hilfebedarfe bei sich selbst zu erkennen.

57. Übe Dankbarkeit und fokussiere Dich auf die positiven Aspekte Deines Lebens.

58. Lass los von schädlichen Verhaltensweisen und Gewohnheiten, die Dein Selbstwertgefühl schädigen.

59. Identifiziere Deine negativen Gedanken und deren Auswirkungen auf Deine Gefühle und Handlungen.

60. Frage Dich, ob Deine Gedanken realistisch und wahrscheinlich sind.

61. Ersetze negative Gedanken durch positive oder neutrale, indem Du sie bewusst infrage stellst.

62. Lasse ab von der Illusion von Kontrolle und der Überzeugung, alle Probleme lösen zu müssen.

63. Akzeptiere, dass Du niemals alle Antworten und Lösungen für alle auftretenden Probleme und Eventualitäten haben wirst.

64. Nutze Visualisierungstechniken, um Deine Ziele klar vor Augen zu haben.

65. Lass Dich von Rückschlägen nicht entmutigen, sondern betrachte sie als Lernmöglichkeiten.

66. Zeige Geduld und verzeihe Fehler, die Dein Umfeld macht. Weder Dein Partner, Deine Familie, Deine Freunde, noch Deine Kollegen sind perfekt.

67. Lerne, wie man Grenzen setzt, um sich selbst und andere zu schützen.

68. Sei offen für Veränderungen und neue Ideen, um zwischenmenschliche Beziehungen zu stärken, zu verbessern und Deinen Werten anzupassen.

69. Erweitere gezielt Deine Fähigkeiten und (Fach-)Kompetenzen, die das Erreichen Deiner Ziele begünstigen.

70. Akzeptiere, dass Veränderung Zeit braucht und sei geduldig mit Dir selbst.

71. Nutze Ressourcen wie Bücher, Kurse oder Coaches, um Deinen Zielen näherzukommen – bilde Dich fort.

72. Verbessere Deine Kommunikationsfähigkeiten – Du wirst überrascht sein, wie hilfreich das im Leben ist.

73. Entdecke neue Talente und Fähigkeiten und setze sie ein, um dorthin zu gelangen, wo Du gerne wärst.

74. Lasse ab von Vergleichen und suche nach Deiner eigenen, individuellen Lebensweise. Es ist Dein Leben!

75. Sei bereit, Dich aus Deiner Komfortzone herauszubewegen und neue Dinge auszuprobieren, um Dich weiterzuentwickeln.

76. Nutze das bewusste Essen als Möglichkeit, achtsam zu sein und die Aromen und Strukturen der Lebensmittel wahrzunehmen.

77. Entwickle eine achtsame Haltung im Umgang mit anderen Menschen, indem Du offen und vorurteilsfrei zuhörst.

78. Nutze bewusste Atemübungen, um Dich in stressigen Situationen zu beruhigen.

79. Erstelle eine Liste von Dingen, die Dich daran erinnert, in der Gegenwart zu bleiben und bewusst auf Deine Umgebung zu achten.

80. Erkenne, dass es okay ist, sich selbst und anderen Zeit und Raum zum Nachdenken und Reflektieren zu geben, anstatt sofort Fortschritte / Einsicht zu erwarten.

81. Nutze Visualisierungstechniken, um Deine geistige Flexibilität zu fördern und neue Perspektiven zu entdecken.

82. Erkenne, dass es okay ist, gesetzte Ziele und Pläne über Bord zu werfen, wenn Du bemerkst, dass sie nicht (mehr) zu Deinen Werten passen.

83. Setze Dir gemeinsam mit Dir nahestehenden Personen Ziele. Arbeitet zusammen daran, sie zu erreichen.

84. Ermutige Deine Mitmenschen, ihre Ziele zu verfolgen.

85. *Schenke Deinem Partner und Deiner Familie Zeit und Aufmerksamkeit, um die Beziehung zu stärken.*

86. *Ermutige Dich selbst und andere dazu, Verantwortung für Handlungen und Entscheidungen zu übernehmen.*

87. *Erkenne, akzeptiere und feiere Deine Einzigartigkeit – Dich gibt es kein zweites Mal!*

88. *Lerne, Deine Wünsche ernst zu nehmen und Deine Bedürfnisse zu artikulieren.*

89. *Nutze kognitive Verzerrungen bewusst, um negative Gedanken zu verändern (es sind „nur" Gedanken!).*

90. *Mache regelmäßig Sport und achte auf eine gesunde Lebensweise.*

91. *Praktiziere Meditation und lerne, Deine Gedanken als Beobachter dahintreiben zu lassen, anstatt von ihnen getrieben zu sein.*

92. *Nutze bewusste Entspannungstechniken wie autogenes Training oder Fantasiereisen, um Dich von Stress und Anspannung zu befreien.*

93. *Erstelle eine "Achtsamkeits-Playlist" mit Musik, die Dich beruhigt und entspannt. Diese Playlist kann Dich bei Deinen Achtsamkeitsübungen unterstützen.*

94. *Schreibe regelmäßig in ein Tagebuch, um Deine Gedanken und Gefühle aufzuschreiben und Verarbeitung zu erleichtern.*

95. *Sei dankbar für die positiven Aspekte jeder zwischenmenschlichen Beziehung – Du kannst auch von Mitmenschen lernen, die Du weniger gerne um Dich hast (vor allem über Dich selbst).*

96. *Vermeide es, Dich von anderen Menschen oder Ereignissen emotional abhängig zu machen.*

97. *Entwickle eine Einstellung, die zulässt, über eigene Fehler zu lachen.*

98. *Nutze affirmierende Sprache und führe positive Selbstgespräche.*

99. *Schaffe und pflege Vertrauen, indem Du ehrlich und zuverlässig bist.*

100. *Trage Deinen Teil zu gegenseitiger Anerkennung und Wertschätzung in der Gesellschaft bei.*

101. *Mache Dir bewusst, dass Du Dein Schicksal maßgeblich mitgestaltest. Völlig egal, was auch geschieht – es liegt im Grunde immer bei Dir, was Du daraus machst.*

Jetzt hast Du es aber geschafft. Du bist einen großen Schritt weiter auf Deinem Weg zu einem erfüllten Leben. Ich hoffe, Du konntest viele nützliche Techniken und Tipps aus dem Buch mitnehmen und kannst Deinem Alltag dadurch Positivität, Schwung und Freude verleihen.

Ich möchte mich von ganzem Herzen bei Dir bedanken, dass Du Dich auf diese Reise mit mir begeben hast. Es hat mir sehr viel Freude bereitet, dieses Buch für Dich zu schreiben und ich hoffe, ich konnte Dir ein wenig dabei helfen, Deinem Leben einen kleinen Schubser in die von Dir gewünschte Richtung zu geben.

Verabschiede Dich nun mit einem Lächeln und einem warmen Gefühl im Bauch von diesem Buch und geh hinaus in die Welt, um ein Leben nach Deinen Vorstellungen zu leben:

Gelassen, achtsam, zielstrebig und mit einem offenem Herzen

Literaturverzeichnis

ACT, Akzeptanz- und Commitment-Therapie -. DGKV. [Online] [Zitat vom: 26. 11 2022.] https://dgkv.info/act-co/akzeptanz-und-commitment-therapie-act/.

Benoit, Roland G. , Paulus, Philipp C. und Schacter , Daniel L. 2019, 10. Jg.. Forming attitudes via neural activity supporting affective episodic simulations. Nature communications. 2019, 10. Jg., Nr. 1, S. 1-11.

Davidson, R. J. und Lutz, A. 2008. Buddha's Brain: Neuroplasticity and Meditation. IEEE signal processing magazine. 2008, Bd. 25, (1), S. 174-176.

Dweck, Carol. 2017. Selbstbild - Wie unser Denken Erfolge oder Niederlagen bewirkt. München : Piper Verlag, 2017.

Gaulhiac, Nathalie. 2022. Business Insider. [Online] 18. September 2022. [Zitat vom: 15. November 2022.] https://www.businessinsider.de/leben/erziehung/menschen-selbstliebe-erziehungsfehler-r16/.

HÖLZEL, Britta K., et al. 2011. Mindfulness practice leads to increases in regional brain gray matter density. Psychiatry research: neuroimaging. 191. Jg., 2011, Nr. 1, S. 36-43.

MORITZ, Steffen und HAUSCHILDT, Marit. 2016. Denkverzerrung 3: Müssen die Gedanken dem eigenen Willen gehorchen? Die Gedanken sind frei!. In: Erfolgreich gegen Zwangsstörungen. Berlin, Heidelberg : Springer, 2016. S. S. 51-60.

MÜLLNER, Markus und MÜLLNER, Caroline. 2021. Mentale Stärke aufbauen. In: Emotional intelligent führen. Wiesbaden : Springer Gabler, 2021. S. 179-203.

NIEBEL, Viktoria. 2020. What you practice grows stronger. psychosozial. 42. Jg.,, 2020, Nr. 4, S. S. 61-75.

Smart, L. und Wegner. 1999. Covering up what can't be seen: Concealable stigma and mental control. Journal of Personality and Social Psychology. 1999, Bd. 77(3), S. 474-486.

Hey du Lesefan!

Bist du bereit, dich in neue Welten voller Abenteuer und Spannung zu stürzen? Dann haben wir genau das Richtige für dich!
Wir suchen Testleser für unsere neuesten Bücher und du kannst dabei sein!

Melde dich jetzt als Testleser an und profitiere von vielen kostenlosen Büchern! Wie das geht? Ganz einfach: **Scanne einfach den QR-Code unten und folge den Anweisungen. Nach deiner Anmeldung wirst du Teil unserer Testleser-Community und erhältst regelmäßig unsere neuesten Bücher zum Lesen und Bewerten.**

Als Teil der Testleser-Community hast du nicht nur Zugang zu unseren neuesten Veröffentlichungen, sondern auch die Möglichkeit, deine Meinung zu teilen und Feedback zu geben.
Deine Meinung ist uns wichtig und hilft uns dabei, unsere Bücher noch besser zu machen!

Also worauf wartest du noch? Scanne den QR-Code und werde Teil unserer Testleser-Community! Wir freuen uns darauf, dich bald bei uns zu begrüßen!

Testleser Anmeldung

Liebe Leserinnen und Leser,

wir hoffen, dass Dir unser Buch gefallen hat und Du wertvolle Erkenntnisse und Unterhaltung daraus ziehen konntest.

Wenn Du Lob oder Kritik an uns richten möchten, sind wir jederzeit offen dafür.

Du kannst uns gerne an die E-Mail-Adresse **buecherwurmverlag@yahoo.com** schreiben und uns mitteilen, was Dir an unserem Buch besonders gut oder auch weniger gut gefallen hat. Deine Rückmeldungen hilft uns dabei, uns stetig zu verbessern und Dir auch in Zukunft hochwertige Bücher anbieten zu können.

Wir bedanken uns herzlich für Deine Unterstützung und freuen uns, von Dir zu hören!

Impressum

ISBN 9783910777002

Herausgeber:	Tom Zimmermann
	Kölner Tor 16
	57072 Siegen
	Deutschland
Autor:	Patrick Guttenberger
Sprecherin:	Jennifer Guttenberger
Layout und Satz:	Mona Cianciara
Cover:	Mona Cianciara

Track: Inner Light
Musik von https://www.fiftysounds.com

Haftungsausschluss

Dieses Buch sowie alle enthaltenen Extras (Audiodateien, Bildmaterial) dienen lediglich zu Informationszwecken und ersetzt in keinem Fall eine professionelle Beratung oder Behandlung durch einen lizenzierten Psychologen oder anderen qualifizierten Fachmann. Es kann daher seitens Herausgeber / Autor keine Haftung für Schäden übernommen werden, die aus der Verwendung der bereitgestellten Informationen entstehen. Die bereitgestellten Informationen stellen auch keine Empfehlung oder Aufforderung zur Selbstdiagnose oder Selbstbehandlung dar. Sollten Fragen oder Bedenken hinsichtlich der eigenen körperlichen oder geistigen Gesundheit bestegen, sollte immer ein qualifizierter Fachmann zurate gezogen werden. Für den Inhalt von Websites, auf die mittels Hyperlink verwiesen wird, übernimmt der Herausgeber / Autor keine Haftung. Diese Websites unterliegen der Haftung der jeweiligen Betreiber. Der Herausgeber / Autor behält sich das Recht vor, den Inhalt des Ratgebers jederzeit und ohne Ankündigung zu ändern oder zu löschen.
Es wird keine Haftung für Schäden übernommen, die aufgrund von Unterbrechungen, Verzögerungen oder Fehlern in der Übertragung von Daten entstehen. Ebenso wird keine Haftung für Schäden übernommen, die aufgrund von technischen Störungen, höherer Gewalt oder sonstigen Ereignissen entstehen, die außerhalb der Kontrolle des Herausgebers / Autors liegen. Auch für Schäden, die aufgrund von Handlungen oder Unterlassungen Dritter entstehen, wird keine Haftung übernommen.
Dieser Haftungsausschluss ist als Teil dieses Ratgebers anzusehen und sollte in Verbindung mit dem gesamten Ratgeber gelesen werden. Sollten einzelne Bestimmungen dieses Haftungsausschlusses unwirksam sein oder werden, bleibt die Gültigkeit der übrigen Bestimmungen unberührt. Alle nach geltendem Recht bestehenden Haftungsansprüche bleiben von diesem Haftungsausschluss unberührt.

Copyright© 2023 Tom Zimmermann

Alle Rechte vorbehalten.
Die Rechte des hier verwendeten Text und Bildmaterials sowie die Audiodateien liegen ausdrücklich beim Herausgeber. Eine Verbreitung oder Verwendung des Materials ist untersagt.

Bibliografische Informationen der Deutschen Nationalbibliothek:
Die deutsche Nationalbibliothek verzeichnet diese Publikation in der Deutschen Nationalbibliografie; detaillierte bibliografische Daten sind im Internet über http://dnb.d-nb.de abrufbar.